伝統芸能ことば蔵一〇〇

村 尚也

檜書店

目次

能が紡いだことば

芸能を巡ることば

時を感じることば

歌い継がれたことば

季節が匂うことば

ちょっと気になることば

様々な話題を順不同で取り上げています。
どこからでもお好きな項目からお読み始めください。

能が紡いだことば

1

翁と三番叟《さんばそう》の表裏

能の『翁』は、国土安穏《あんのん》を祈る際に白式尉という白い老人の面《おもて》を着ける。これに対して三番叟は黒式尉を着すのだが、白と黒の対象――従来、これを太陽神と土の神、あるいは北方系の神と南方系の神等々さまざまに解釈されてきた。後者に従って考えるなら、三番叟は黒式尉の面を着け、鈴を振って五穀豊穣を祈るのだから、イネなどの作物は南方からもたらされたということになろうか。

それはともあれ、三番叟の意は第三番目に登場する老人である。ということは「叟」の文字に年老いた人という意味があるわけだ。

そう考えると『翁』には三種類の老人を表す文字が使用されていることに気が付く。翁と尉と叟――翁は豊かな笑みをたたえた老人、尉はシワのある老人、叟はこの文字にヤマイダレを冠せてみればわかるように痩《や》せた老人という意味がある。いわば土着の庶民のイメージを重ね合わせて、土地に豊かな繁栄を祈願するようになったのだろう。

ところで、この『翁』には、さまざまな特殊演出があるが、「火打袋風流《ひうちぶくろふりゅう》」なる三番叟に関する小書きがある。義太夫『二人《ににん》三番叟』の歌詞の中に「たつまついるまつかいつくひっつく火打ち袋をぶらりと」を思い出すとわかるが、この「たつまつ」「いるまつ」「かいつく」「ひっつく」は全て三番叟の子どもの名前なのである。その最後に登場するのが「火打ち袋」で、野村万作が演じた時は、全身をすっぽり袋で覆《おお》われた姿で現われ、そこから出ると切り火をした。俗に言う火打ち石をカチカチと打ち鳴らし、散る火花によって周囲を浄《きよ》めたり、行く手の安全を祈る呪《まじな》いだ。能の『翁』上演前には幕の内外で切り火をする習慣があるから、そのパロディーともいえなくはない。

この特殊演出を担当するのは狂言方で、子どもに扮した役者が十人ズラリと並んだ姿も壮観だった。が、一方でその命名「たつまついるまつかいつくひっつく……」の奇抜さをよく見れば、夫婦の営みや男性の陽根を想起させる仕組みになっている。一般的には神聖なイメージのある『翁』の舞台で行われる庶民の生産的呪術――それは地方の神楽の猥雑《わいざつ》さに通じるものだが、三番叟の五穀豊穣は作物の実りを祈ると共に、子宝の繁栄をも透かし見るようになっていった形跡がこんな特殊演出からも窺える。

三種の老人と子宝――芸能の祈りとは、神聖さと卑俗《ひぞく》さが背中合わせになって、初めてエネルギーを得るのである。

2 世阿弥が言った「初心」

能の大成者といわれている世阿弥は、現代ならコピーライターの売れっ子になっていただろう。「秘すれば花」や「初心忘るべからず」はその代表格だが、現代で使う「初心」と世阿弥の言うそれとは随分と趣きが異なっている。

いま「初心忘るべからず」は、初めに決意したことを終わりまで完遂《かんすい》するよう、忘れずに行え、といった意味に用いるのが一般的だ。が、世阿弥の『風姿花伝《ふうしかでん》』では、二十四、五歳頃の稽古の仕方で「この頃の花こそ初心と申す頃なるを」と書いている。しかもその直前には、若者が新鮮さゆえに名人の芸よりも褒められ、自分でも上手と思い込んでしまう心も「初心」と指摘しているのだ。

そして物真似の中で、老人の演技に対して言及した世阿弥は、腰が曲がり杖を突いたイメージではなく、何事も歳よりは若作りしようとする心を真似ることを説き、しかし心ばかりは若いと思いながらも、体や耳のほうは音や拍子に従《つ》いていけず、遅れるさまをこそ

「巌《いわお》に花咲く」ような、珍しい老人の演技だと述べる。

この演技メソッドだけでも、充分に革新的で驚かされるが、さらに、実際の年齢が中年から老年に至り、もしも若い役を演じなければならない時には、この「初心」の頃を思い出せとも言う。実際の技や経験が足りないのに、自惚《うぬぼ》れて思い上がったような頃の自分を再現せよというのだ。そのためには、「初心」の頃の未熟な芸、技をもそのまま肉体に記憶させておかなければならないとまで……。年輩の芸巧者《げいこうしゃ》が、老練な芸の境地のまま若者の役を演じても、全く面白味、新鮮さ、ときめきに欠けるのはこの「初心」を忘れるためであろう。ただ若く勢いある肉体ばかりを再現しようとし、思いが余って体に至らない実態を表現しきれないのだ。「老後の初心を忘るべからず」も世阿弥のコピーである。

『花鏡《かきょう》』には、この「老後の初心」の他、以前の誤りを忘れず、身に持っていれば後にそれをきちんと批判しながらやっていける「是非の初心忘るべからず」と、結局、どんな年齢や芸境になっても、その時その節が初心であるとする「時々の初心忘るべからず」の三態を家訓としてまで挙げている。

自惚れ、慢心、失敗等々それを戒め、それを矯正しつつも、かつそれらをもそのまま再現できるようストックするという試み。巧《うま》くなり枯れるばかりが芸や人生ではないということが世阿弥を読むと知らされる。

3

二人の海人と藤原不比等

年が変わるということ——考えれば昨日と今日とでは、何も変わってはいないのだが、特に日本人は、節句や様々な行事などで時間に節目をいくつも付けて、一年を細かく分けてリセットし続けていた。

西暦645年の変は、私が小学生の頃は大化の改新（現代では乙巳《いっし》の変）と習い、この命名からもわかるようにそれまでの悪政が中大兄皇子と中臣鎌足で善く改められたと刷り込まれた。改新という言葉がこのイメージを作るのに与えた力は決して小さくない。しかし、現在この歴史観が見直されている気運があって、横暴で悪の権化《ごんげ》とされた蘇我氏と、後の長年にわたる影の実力者たる藤原氏への評価を全く正反対に評価する研究者が出て来ているほどである。

それはともあれ、芸能に語り継がれた藤原氏の力は根強く、それを悪と否定すると、少々やりにくくなるのが現状である。例えば藤原鎌足（中臣）の子である不比等（淡海）

は、謡曲『海士《あま》（海人）』の中で、竜宮に取られた宝珠を奪還するために、身をやつし志度の浦の海女と三年契ったとされる。が、常識的に考えれば時の政権の中枢にいた人物が政権から三年間も離れて暮らせるわけはなかろう。三年間という数字は不比等を謀略《ぼうりやく》家ではない、人間味溢れる政治家に仕立て上げるための作為に他ならなかったと思う。

この不比等はさらに道成寺の建立にまつわる縁起でも海女と関連している。海中から千手観音を引き上げた海女の髪の毛が三丈もあり美しいことから、この女性を宮中に引き上げ、文武天皇の妃にまで出世させるシンデレラ物語では、卑賤な海女の養子親に不比等はちゃっかりとなっているのだ。文武と髪の長い海女だった宮子姫の間に生まれた子が聖武天皇。道成寺は宮子が海中からかずき上げた千手観音を祀《まつ》るための寺となる。こうして不比等は天皇家の外戚の地位を獲得するに至った。と考えると、その道成寺の鐘が後に女の執念の蛇身によって焼き溶かされた話が芸能の主座になった過程には、藤原氏あるいは政治、または文化に対するアンチな力が働いたことの記憶ではなかったろうか。

海女の珠取《たまと》り伝説と、もう一人の海女がかずき上げた光り輝く観音の伝説――二つの「宝」を海中からかずき上げた物語は、藤原不比等の天皇家へ対する底知れぬ力を暗示するものであったことは疑いようがない。

4

能の題名も宛て字だらけ

海海海海海と書いて「あいうえお」と読むとは、知る人ぞ知る言葉遊びだ。海の字の音訓にはもともと「あいうえお」という読み方はないが、いわば宛て字としてなら海は多くのネーミングに登場するのだ。

能でも「海士・海人・海女」はすべて「あま」と読まれる。だから海は「あ」である。次に「海豚《いるか》」の「い」、続いて「海胆《うに》」の「う」、更に「海老《えび》」の「え」、最後は「海髪《おご》」の「お」で、「あいうえお」である。

これらは海に関連した名詞だ。他にも海月《くらげ》・海苔《のり》・海鼠《なまこ》・海鼠腸《このわた》・海星《ひとで》・海豹《あざらし》・海象《せいうち》等々、自分でも勝手に作れてしまいそうなほど海の熟語は多い。

これは日本語では漢字を音だけでない表意文字としておおいに活躍させ、文字を見てその物にイメージを喚起させる利便性があるからだ。能の題名でも『善知鳥《うとう》』『女郎花《おみなめし》』『杜若《かきつばた》』『呉服《くれは》』『当麻《たえま》』『木賊《とくさ》』……さらに歌舞伎の題名ともなれば宛て字、判じものの品評会のようである。

　雨という漢字でも、私たちは「あめ」や「う」だけではなく、平気で種々読み分けをしている。例えば五月雨《さみだれ》・梅雨《つゆ》・暴風雨《あらし》・白雨《ゆうだち》・時雨《しぐれ》……それぞれの雨を取り出して読むとすれば「だれ」「ゆ」「し」「だち」「ぐれ」でしょうか？　本当は一つ一つを切り離しては読めないというのが、これらの宛て字の特徴でもあるのですが、以下の様な古川柳もある。「同じ字を雨雨雨《あめさめだれ》と雨《ぐれ》るなり（『柳多留《やなぎだる》』三十三）」雨がさめたり、だれたり、ぐれるなんてなかなか洒落ていて、嬉しくなる。

　他にも数えあげればキリのない宛て字のほんの一例――大和とかいてヤマトと平気で読める日本人。吃驚《びっくり》・馬酔木《あしび》・玉蜀黍《とうもろこし》・氷柱《つらら》・辛夷《こぶし》・胡瓜《きゅうり》・胡坐《あぐら》・欠伸《あくび》・紫陽花《あじさい》・向日葵《ひまわり》・山葵《わさび》・匕首《あいくち》・大蒜《にんにく》・合歓《ねむ》・許嫁《いいなずけ》……。

　居酒屋で目にする宛て字と言おうか、判じ物のようなお馴染みの文句は「春夏冬　二升五合」は「商い（秋が無い）益々（升が二つ）繁盛（五合は一升の半分）」あるいは「一斗五合」で一斗が五升の倍だから「ご商売」！　五合は前述の通り繁盛で、店にとっては縁起のいい言葉遊びだ。「麦酒《ビール》」も宛て字なら、飲む「貴方《あなた》」も宛て字。嗚呼《ああ》、宛て字も「当て字」と書けば縁起が良くなる。

5 『隅田川』はなぜ「柳」か

梅若丸の命日は旧暦3月15日――現代で言えば4月中〜下旬、春爛漫《らんまん》たる季節である。一年後の同日に、母は吸い寄せられるように隅田川のほとりにある我が子の塚に辿《たど》り着く。現代人から見ればこの出来過ぎたような符号は物語の常套とはいえ、それを偶然としてではなく、必然と受け入れる精神的風土がなければ、これが長く語り伝えられるはずがない。その意味では、大震災が起きた3・11とアメリカの9・11が丁度半年の数字の開きであることに不気味さを感じるのは私だけであろうか。

それはともあれ、春色たわわな色彩は、ふつう桜によって象徴されるが、能『隅田川』の景色にはなぜか桜の色は染められていないのである。

同じく失った子を探し求める能『桜川』では、網で桜の花びらを掬《すく》い（これが長唄『賤機帯』に転用された）ついには子と再会するが、隅田川の母は子の幻を見るだけで終わる。あまりに悲痛なエンディングである。

東日本大震災のすぐ後、周囲の公演、催しが中止・延期される中、東京に住む私は一週間後に大駱駝艦《だいらくだかん》の『灰の人』を見て、麿赤兒《まろあかじ》のシャーマニズム的気質が、あの日を予言したかのような舞台に出会い、翌日は、能で塩津哲生《あきお》の『隅田川』を見たのである。この時、ほの暗い能舞台に据えられた塚の頭部に飾られた榊《さかき》の緑（これは作の内容の柳とは関係なく置かれる）の生々しい濃さに、たまたま見所（観客席）に集った人々には生《なま》の命を見せつけられた思いがした。と同時に、そこから垂れる柳の薄緑に初々しい命の化現をも感じさせてくれた。おそらくそれは、梅若丸の死に際して植えられた「挿《さ》し柳」が伸びて、一年という時間を経た生長の姿なのだ。

もしも梅若丸が生きていれば、その柳の成長と同じ分だけの時間を呼吸したことが象徴されるような若緑の色と長さであった。

「柳は緑　花は紅」の緑は古代朝鮮語の「みだる（水垂る）」が語源という説がある。そう考えれば「みどりの黒髪」も合点がいくし、赤ん坊を「みどり児」というのも理解できる。「みどり」は色の名である以前に、いわばみずみずしい生命力の証《あかし》であるのだろう。『隅田川』に桜は出さずに、枝垂《しだ》れる柳が春を象徴するのは、亡くなった子供の代わりに母の知らぬうちに成長した〝時間〟を示すものだったからである。被災地にも柳は芽ぶき、これからも永遠に生命の時間を引き継いでくれることであろう。

6

川開きは曽我兄弟の討ち入り

隅田川の川開きに花火が打ち上げられるようになったのは、享保18年（1733）5月28日からであるという。

前年、雨の降らない旱天《かんてん》とイナゴの大発生で西日本の稲田は不作。飢饉となって餓死と疫病に倒れた者が多数出た。そこで、八代将軍吉宗が翌年、慰霊と疫病退散のための水神祭を行うことにした。いわば川施餓鬼《かわせがき》。この時、河畔の料理屋が官許を得て花火を打ち上げることになった。この催しが恒例となり、途中中断はあったものの、現代まで伝わっているイベントの原点となったのである。

ところで5月28日は曽我兄弟の討入の日で、毎年正月には曽我狂言が新たに上演され続けていた時代である。しかも、富士山裾野ではイナゴの大群は曽我兄弟の怨霊と恐れられてもいた。川開きにこの日を敢えて選び、毎年遵守《じゅんしゅ》した蔭には、こうした俗信や畏れがなくては守り続けてはいかれなかっただろう。

俳句の季語にもこの日は「虎が雨」が降ると言われ、兄・十郎の恋人大磯《おおいそ》の虎《とら》の涙とされた。味気なく言えば、丁度梅雨の時期だから、雨が降るのは当然のこと。もともと曽我の討入当日も篠《しの》つく雨の晩だった。

そんな梅雨の時期に川開きを決行し、しかも花火が結びついたのは、そこに前年の旱天の被害の記憶が根強く残っていたからだった。そこで水神への祈りに加え、天神への信仰を重ねて、より強い加護を得ようとしたのだ。

雷になったといわれる菅原道真＝天神を招き、雨を降らせようとして庶民が考え出した民間呪術。それが花火を打ち上げる行為だった。

何故かといえばドーンドーンと天をどよもす音はまさに雷の響きを誘い、けしかけるイントロダクションと考えたからである。予祝に似た、いわば感染、うつりの呪術による花火の音で雷は招かれ、前年の旱天を洗い流すような雨の恵みを期待したのである。

隅田川の長さは全長23・5キロメートルある。その中で花火打ち上げの場所に、雷門のある浅草寺近くから、ウカノミタマという水神を祀る三囲《みめぐり》神社近辺をわざわざ選んだのは、まさに雷神と水神の双方への祈りゆえだったと考えられるのである。

7

スーパー能の標準語

平成25年に国立能楽堂開場30周年と、能の大成者と言われる世阿弥の生誕650年と銘打って、梅原猛《うめはらたけし》＝作によるスーパー能『世阿弥』が上演された。三世市川猿之助のスーパー歌舞伎にならった命名で、双方に共通するのは、セリフなどが現代語であること、能のフラットな明かりでない演劇的照明を用いること、古典芸能にありがちな主演者の演技中心主義ではなく作品や演出を前面に押し出している点であろう。

難解で聞き取りにくい謡の文句が、まずは現代語にするだけで耳に入りやすくなるという利点があった。世阿弥が足利義教《よしのり》将軍の政治的思惑《おもわく》で疎《うと》まれていた事や息子元雅《もとまさ》の死のいきさつ等もわかりやすく、絶望して世阿弥が自害を思い立つと、息子の幽霊が登場する夢とも思える場面も現代語ゆえに多くの観客に理解されたであろう。

が、セリフはともかくとして現代語による地謡は、文句が散文であるせいで謡に乗り切れない憾《うら》みが残った。言い換えるなら、散文でなく詩の姿にならないと、言葉に音楽性が生じないのだ。

そこでふと思ったのは、現代語自体がそもそも抑揚《よくよう》やリズム等の音楽性をあえて排除したものではなかったかということだ。文の終わりが「です・ます」調であれ「だ・である」調のいずれにしてもまず語尾が単調であることは否めない。学生時代に悩まされた係り結びの法則は、こうした語尾の単純な響きに、変奏曲を与えてくれる効果があった事に今更ながら思い至った。

能狂言や歌舞伎、文楽のセリフ部分が現代劇のセリフと違い、揃いも揃ってああも独特な言い回しやイントネーションに彩られているのを考えると、日本語の躍動感の無さ、音楽的単調さを、語ることや歌うことによって言葉の力として増幅《ぞうふく》させなければならない必要があったと思い知らされた。いや、もしかすると日本のことばそのものは本来、音楽的であったのかもしれない。が、東京が色とりどりの地方出身者の集まる土地になったために、各地方の抑揚やアクセントを全廃する方向へと言葉自体が己れの個性を打ち消したのだ。そのお蔭で、標準語は抑揚を失った無味乾燥な傾向を選んだのだろう。

スーパー能が言うところの現代語とはまさに標準語であった。砂漠化した標準語から謡の樹は生えない。そこにはスーパー標準語による新しい謡を誕生させることが必要なのだ。

8 夕顔のすえ

夕顔はインド・アフリカ原産の植物で、光源氏のような貴族の目には珍しい花と映じたようだ。

惟光《これみつ》を招いてあの花を折れと命じるが、それを知った家の主は、見るからに高貴な男性に対し、あまりに優雅さのないこの花を扇の上にのせ渡す。

その扇に添えられた歌は「心宛《こころあて》にそれかとぞ見る白露の光そえたる夕顔の花」当て推量ですが、もしかするとあなたは光の君でいらっしゃいますか？――これに光源氏は返歌をし「寄りてこそそれかとも見め黄昏《たそがれ》にほのぼの見つる花の夕顔」寄ってご覧になれば、夕暮れ時にも私が誰だかお分かりになりますよ。

互いに名を告げない逢瀬の中で、この黄昏時の花のように、はかない女性はなんとなく夕顔の花に擬せられる。実はこの女性、「雨夜《あまよ》の品定め」の折、頭の中将が話した恋人常夏であり、中将の妻側の実家の目を逃れて五条あたりに転居したことが後に明確になる。

さらに源氏の気まぐれで、何某《なにがし》の院でもののけに襲われ怪死してしまうことにも象徴されるように、彼女の運命は、恋としても人生としてもあまりに報われない、はかないものだった。

夕顔という植物は花としても短命でありながら、一方で実として瓢箪《ひょうたん》をつけるので、滑稽で野卑なイメージも抱かせる。舞踊『夕顔棚』は、老爺老婆が夕涼みに、出会いの頃に興じた村の踊りを思い出す設定だ。そして人生の終焉《しゅうえん》間近に味わう飄逸、達観への細道へと二人して歩んでゆく。「楽しみは夕顔棚の夕涼み男はててら女はふた布にして」という古歌に久隅守景《くすみもりかげ》が老夫婦の姿を絵にした。風呂上がり――老いた肉体は棚から下がる瓢箪に見立てられてもいようか。

同じ短い命でも、朝顔は陽、夕顔は陰。その陰にははかなさと同時にコケティッシュな趣《おもむ》きを合わせもつ。おそらくそれは、危うげな人生の時間をなんとか切り抜けて来た人のみが知る、可笑しくも静かな三昧境《ざんまいきょう》なのだ。

能『三井寺』や舞踊の『娘道成寺』で入相の鐘を寂滅為楽《じゃくめついらく》と聞くのは、こんな夕顔の花と瓢箪の面影を重ね合わすことで、なんとなく理解できる気がするのである。

9

能に登場した幽霊のスタイル

幽霊という言葉は『源氏物語』の時代にはまだ存在しない。例の六条御息所《ろくじょうのみやすどころ》は物の怪《もののけ》であって、幽霊とは呼ばれておらず、さらに夕顔や葵の上にとり憑《つ》いた気配はあっても、実際の姿は描写されてはいないのが特徴だ。『源氏物語』以前の『日本霊異記《りょういき》』も仏の霊験や因果応報を説いてはいるが、やはり幽霊そのものは出現しない。

日本に幽霊が登場するのは、保元平治の乱から源平の戦いに至る、いわば武士たちの殺戮《さつりく》の時代で、その背景には浄土宗・浄土真宗・日蓮宗などの新しい宗教が出揃って、あの世がそれ迄とは異なるものとして意識され始めてからといえる。それ迄といったのは、神話のイザナギが、死んだ妻のイザナミに会うために、生者の住む世界と地続きの黄泉《よみ》の国へ行った、いわば往復可能な次元と考えられていた時代のことである。が、武士の世になってから、死者は六道（地獄・餓鬼・畜生・修羅・人間・天上）のいずれかへ転生《てんしょう》すると考えられるようになった。

この時代の死者は、成仏を求めて姿を現すが、鬼形《きぎょう》あるいは異形《いぎょう》とばかりで具体的にどんな姿をして出現したかは描かれていない。姿としてもまた言葉としても幽霊として明確化されたのは、やはり室町期の能からであろう。『実盛《さねもり》』は「夜の錦《にしき》の直垂《ひたたれ》に萌黄匂《もよぎにおい》の鎧《よろい》著《き》て、黄金作《こがねづくり》の太刀《たち》刀《かたな》」の姿と描写され、また『船弁慶』の知盛は「そもそもこれは桓武天皇九代の後胤《こういん》平知盛幽霊なり」と自らの存在を幽霊であるとアピールする。いずれにしても、幽霊は武士姿の妄念《もうねん》の結晶として、あの世からの一方通行の存在として現れるようになったのだといえる。

その後、江戸期に入って、一般庶民も幽霊になり出すと、武士の戦装束という異装ではなく、納棺《のうかん》の際に着る経帷子《きょうかたびら》を着て、三角紙を額に当てたスタイルになる。そして随筆『松の落葉』（藤井高尚 著）には「さてこの足なき幽霊はいつの頃より出来しといへるに、こはいと近く円山応挙よりおこりしなり」とあるように、江戸中期から後期に至って、幽霊に足がなくなるのである。さらに両手を伏せてダラリと前へ垂れるのは、柳との組み合わせが定着した幕末から明治期あたり。

そんなわけで言葉としての「幽霊」も、その形、姿も時代によって変遷《へんせん》してきたのである。現代の幽霊が心霊スポットの写真にチラリとしか出現しなくなったのも、新しい呼び名やファッションを模索中だからかもしれない。

10

能の幽霊は秋でも冬でも

円山応挙の眼鏡絵で三十三間堂の長い廊下を極端なまでの遠近法で描いたものがある。手前に弓矢を射る人物、そして一番奥には的があるが、まるで点のように描かれているのが面白い。

これは一見写生で細緻《さいち》を極めているものの、実は大胆な誇張なのだが、それが私たちに実際を超えた真実と感じさせる。この絵で言えば、廊下の長さがもたらす感銘、弓を引く人の筋力やエネルギーまでを想像させてくれる。目で見た通りでは心までは伝わらない。ある意味で、舞踊や芝居、邦楽もこういう詐術の集合体で、見る人、聞く人のイメージを喚起できれば成功なので、そのテクニックを正確になぞるだけではアートたりえない。

そんな新しい視点や感覚の発見を応挙の絵にさまざま見出すことができる。お馴染みの幽霊絵では、これによって日本の幽霊に足が無くなったとされる。が、実際にはそれ以前に足がない幽霊の絵は存在していて、古浄瑠璃『花山院きさきあらそい』の挿絵にある藤壺の局の幽霊や土佐光起《とさみつおき》の絵などで確認することができる。

が、それでも足がない幽霊は応挙をもって嚆矢《こうし》としたのには随筆集『松の落葉』（藤井高尚著）の影響が大きい。「さて、この足なき幽霊は、いつの頃より出来しといへるに、いと近く円山応挙よりおこりし也」の記述がそれである。おそらく応挙の名声もあずかっての一般的認知になったのだろうが、これ以降、そう簡単には幽霊に足はなくならなかったことは前項にも述べた。

ところで、幽霊ネタは決して夏ばかりではなかった。なぜなら幽霊が夏に定着したのは江戸期の夏芝居に怪談が恒例となったからで、それ以前の能を取り上げても幽霊は夏季限定でないことがわかる。

能の幽霊は秋に多く出現する。ざっと挙げれば——井筒・松風・阿漕《あこぎ》・敦盛・江口・落葉・女郎花《おみなめし》・通小町・砧《きぬた》・清経・実盛・玉葛・融・野宮・半蔀・芭蕉・松虫・夕顔……等々、枚挙にいとまがない。続いては春が多く、冬と続く。夏の幽霊もなくはないが旗色《はたいろ》が悪い。やはり、幽霊は衰えゆく秋でこそイメージが喚起されやすかったのだろう。

その能の幽霊は両手を前に垂らさないし、柳の下にもいなかった。手のひらを上に向ければ陽気になり、伏せれば陰気になる。ヤナギも楊では枝葉が上に伸びるから陽気で、垂れさがる柳なら陰気——枝垂《しだ》れた枝に伏せた手など、近世の怪談は陰を重ね誇張した。

11

秋に扇は捨てられる

近年の日本の四季はなかなか気むずかしい。夏の猛暑や冬の厳寒は極端で、夏から冬へ、また冬から夏へとすぐに移行してしまうように感じられるような年が続いている。要するに春や秋が無いということだが、夏と冬に挟まれて、列車でいえば通過駅のように映じる秋の季節は、芸能においては「千秋楽《せんしゅうらく》」という言葉に入っているだけでも、通過されては困る季節なのである。

「千秋楽」は雅楽の曲名であることはすでに知られている。千秋自体は千年でもあり、長い年月の意を表したり、物事のけじめ、終わりを象徴する言葉としても使われる。

「千」について言えば、日本の数は四桁ごとに万、億、京と変わることでもわかるように、四桁の千は切りのいい満数なのだ。その千を秋にかぶせた。

秋の「禾」は穀物の意味だが、つくりの方は御承知のように「火」ではなく「亀」の旧字の「龜」を用い、さらに下には火を表す文字がついていた。すなわち作物を害する〝ずいむし〟や〝はくむし〟を火で焼き払うのがこの文字の本来の意味だったわけだ。

芝居では火災を嫌うので「火」を避けて「秋」の旧字を使って「千穐楽」とわざわざ難しく書くようになった。が、いずれにしても秋は収穫の季節であるから、この恵みを祈る事は一年の中でももっとも期待と不安がスリリングに入り混じる時期であったのだ。だから、その収穫物で生計を立てることから「あきなう」と言うようにもなった。

一方で秋は「飽き」と同音であることから、恋を失う季節にもなる。地唄『閨《ねや》の扇』の如く、熱いさなかに使われた扇は、涼しくなった秋には捨てられるのだ。では、捨てられるのはなぜ扇ばかりで、汗を拭く手ぬぐいや蚊遣《かや》り、蚊帳《かや》、水などではいけなかったか。というのは能の『班女』で男女が扇を別れに交換したように、扇が「逢ふ儀」の掛け言葉であるからで、扇を捨てることは「逢ふ」機会を放棄したことに通じる。扇は再会の呪具、アイテムでもあるのだ。日本語は、いや日本の芸能は言葉の面だけでも一筋縄《ひとすじなわ》ではいかないのがわかる。

やまと言葉の日本語が引き寄せる同音異義語の多層に、私たちは豊かさととまどいを感じながら、毎年、秋の訪れをあきずに待つことにしよう。

12

修羅道の声とは？

平成21年、上野の森・国立博物館に奈良興福寺から阿修羅像はじめ、天龍八部衆、十大弟子像や数多くの宝物がやって来た。その中の一つ、華原磬《かげんけい》は、能『海士（海人）』や地唄の『珠取《たまとり》』に登場する面高不背《めんこうふはい》の玉や泗浜石《しひんせき》と並ぶ三つの宝の一つだ。伝説上の宝とばかり思っていたものを目にするだけでも興奮したが、華原磬の基台に獅子、架台に龍を配した圧倒的な造形力には驚かされ、音声ガイダンスではそれを打ち鳴らした音が聞こえるのには狂喜した。およそその形状からは想像できない澄みやかな鈴の音のようだ。そして面向不背の玉へも想像がふくらむ思いがした。

今回のハイライトは阿修羅像――「また修羅道の鬨《とき》の声」「今日の修羅のかたきは誰そ」（『八島』）でも使われる「修羅」の元である。

その展示では、阿修羅像を360度回って拝せる。インドでは右尊左卑であるから、像を右に見ながら回ってゆけば、右横の御顔は下唇をかみしめる逡巡《しゅんじゅん》と口悔しさ、左は虚《うつ》ろな目で内省し、正面に至れば過去を懺悔《ざんげ》し、決意しての合掌へと変化してゆくさまが見える。が、この手が僅《わず》かに左にずれている。釈迦へ帰依する初心の表現であろうか。

修羅は闘争を繰り返す語だが、原拠のアシュラはインドで最高神であるインドラ（日本では帝釈天）に何度も戦いを挑み、一度も勝てなかった。その闘争の種がまた争いの心を育て、自らを蝕《むしば》む。釈迦の教化を邪魔する筈が、思わずその教えに導かれた阿修羅。今回展示の八部衆の中で阿修羅だけが鎧《よろい》をつけず、合掌しているのはそんな心の転機の瞬間を永遠に留めたものだろう。が、その名は現代でも公私、所かまわず「修羅の巷」「修羅場」等々と使われている。

そういえば民謡『金毘羅船々《こんぴらふねふね》』では「追手に帆かけシュラシュシュシュ」とわかったようでわからぬ囃し言葉がつく。ちなみに2番3番は「金毘羅石段キラララ」「金毘羅み山の青葉のかげからキラララ」だから、「シュラシュシュシュ」は1番の「船」だけに付くのがわかる。船とシュラの関連では、船を陸に上げるときなどにコロが回りやすいように置く厚い板がシュラで、また大石を曳《ひ》く時に下に敷く木材を修羅車という。これは大石《たいしゃく》＝帝釈と戦うのが阿修羅であることからシャレでつけられた名であるという。ついでながら英語で、切り石材を「ashlar《アシュラ》」と言うが、はたして阿修羅様との関連があるかどうかは……。

13 松風も見た月

海女《あま》松風は、汐を汲んでは水に映じる月影を在原行平《ありわらのゆきひら》の面影になぞらえ「月はひとつ影は二つ満つ」と嘆じた。遠く届かぬ月という実体。しかし、その影はあちらにもこちらにも揺曳《ようえい》して、消去できない別れの残像となる。

平安期、男が女性のもとへ通い婚の時代は、俗に衣と衣が離れていくといわれた後朝《きぬぎぬ》＝早朝に辞去する風習だった。しかも、まだ有明の月のある早朝の別れだから、現代の若い男女では難しいかもしれない。ある調査によれば、光源氏は月の出ている晩にしか女性のもとへ通わなかったらしい。それは、男性が女性とつき合うには、月の霊力を浴びてからでないと対等に付き合えなかったからで、月の浄化と同時にエネルギー充填《じゅうてん》の必要があったからだ。それほどに優れた女性は神聖視され、いわば巫女的体質で受けた神からの力を、男は一晩を共に過ごすことによって身に移し、社会に発信するエネルギーとしたのだ。朝がたの月の名残は、その受信した能力への保障でもあったろうか。

この月には餅つく兎や蟹などが住むという俗信のほか、大きな桂の木が生えており、その下に男がいるという話もあって、これが「月の桂の男気は（長唄『巽八景《たつみはっけい》』）」と唄われるに至った。

さらに興味深い話では、宮古島の伝説に変若水（へんじゃくすい、おちみず）がある。月と太陽が人間に変若水という長寿の薬を与えようとするが、使者が間違え、蛇に変若水、人間に死水を与えてしまった。それゆえ、蛇は脱皮を続け長生きするが、人間は死ななければならなくなったという。

この変若水が正月などに残る若水《わかみず》の風習に変化するが、すべては満ちては欠ける月の再生に対する憧憬《しょうけい》と祈りが底流にあろう。

花見は秋の収穫への予祝《よしゅく》の行為である。月見はその結果に感謝し、祝う儀式だったと思われる。だから月には実物で作った団子を供え、稲穂に見立てたススキを添える。「二度の月見（清元『北州《ほくしゅう》』）」をするのも、8月15日は一名「芋名月」9月13日を「豆名月」と呼んで、いずれも穀物の名をつけて度重なる収穫を二重に祝うことに他ならなかった。月満ちた姿は、まさに実現の象徴であったともいえるのだ。

日は天照だから女神。月は男だとすれば、松風は男が祈った月へさらに憧れ惜しんだといえる。移ろいゆく心と知りながら……。

14

杜若とあやめと菖蒲

♪あやめ杜若《かきつばた》は　いずれ姉やら妹やら　分きて言われぬ　花の色え」

見分けがつかないふたつのものを比較して唄った「分《わ》きて節」を引き合いに出すまでもなく、あやめと杜若、さらに花菖蒲《はなしょうぶ》の区別はつけ難い。花弁が寄り集まった中心近くに、網の目状に筋があるのがあやめで、目の形のように黄色が入るのが花菖蒲、目の形が白くなったものが杜若である。そして、畑などの乾燥地にはあやめ、かきつばたは水辺で、その中間あたりに花菖蒲は咲く。

能『杜若』の花の精は、川の流れが蜘蛛手《くもで》のように広がる八ツ橋の傍《かたわ》らに登場する。なるほど杜若が水辺に咲く花であると知れる。が、俗謡『潮来出島《いたこでじま》』で唄われるあやめも、

♪潮来出島の真菰の中にあやめ咲くとはしほらしや」とあって、水辺に咲き出た様子である。イネ科の植物、真菰の中に咲いたとあるから、もしかしたら、これはあやめではなく、杜若の見誤りだったかもしれない。それはともあれ、真菰の葉や茎は編んで菰莫座《こもござ》に

し、盆の精霊棚にかけられる。また大分県にある薦《こも》神社の御神体は薦を束ねて作った枕であるといわれている。この薦枕は天皇の重要な儀式でも用いられるようで、マコモという植物に元来備わっている、水を浄化させる能力を尊んだゆえのことであろうか。

　現代でもマコモの浄化能力を期待した枕や飲料などが通販などでも喧伝され、粉末は風呂に入れると、長期間湯水を交換しないですむとまで言われるほどだから、この植物の神秘的能力は一般家庭の健康グッズとして知る人ぞ知る商品になっているようだ。

　ところで、出雲大社のしめ縄はこの真菰によって編まれていることをご存じであろうか。一般的なしめ縄はイネを干した藁《わら》で作られるのだが、出雲大社ではあえて真菰で作るしめ縄を用いている。ほかにも、しめ縄に真菰を用いている神社は数少なくないが、水無《みな》月祓《づきばら》いの茅《ち》の輪くぐりも大概は真菰だ。

　俗謡『潮来出島』の原拠は『山家鳥虫歌《さんかちょうちゅうか》（1772年）』の「潮来出島のすな真菰　殿に刈らせて我ささぐ　さっさおせおせ」に遡《さかのぼ》れる。この囃子詞のような「さっさおせおせ」は、どうも舟唄と関連があるようで、常陸国行方郡潮来の唄は、太平洋岸に沿って江戸から色街へ入り、一般に普及したようだ。舞踊の振りでも片手ずつものを押すような振りが志賀山流に遺っているが、私にはそれが浅瀬の中で船を押すさまを写したものと思えてならないのだが、如何だろうか。

15 江口の君はどこへ下る？

神奈川県川崎の池上幸豊《いけがみゆきとよ》にまつわる市民劇で、当地の「水鳥《すいちょう》の祭」に絡んだ振付をさせて貰った。「水鳥」は「酒」の異称で、「水」は「さんずい（氵）」で「鳥」は「酉」だから合わせて「酒」という文字になる。いわば判じものや通言で、一中節の『廓の寿』にも「揚屋々々の水鳥ら、ある夜その夜は初雪を酒に明かして対月と噂に聞くの盃開き」と、酒飲み達をも水鳥と歌っているのがわかる。川崎市の水鳥の祭自体は酒呑み合戦であるが、水《すい》の音は粋《すい》にも、新内の『酔《すい》月情話』の如く、酔《すい》をも連想させる。鳥《ちょう》も調子を整えるにいい音で、酩酊《めいてい》の酊を、「ちょう」とも読む、そんな言葉のイメージ「水鳥＝酒」のシャレを支えたものと思われる。

その酒を多く扱う水商売も、水の流れのように盛衰の不確かさや水茶屋、水を実際に売った仕事あたりが重なって使われ始めた言葉だが、やはり実際に食器、酒盃などの洗いや飲食物に水が切っても切れぬ縁である事が定着の大きな要因だったろう。しかし、私見では、謡曲『江口』などに表われる水辺の船遊女が「流れの身」と自他ともに認めて、身上の漂泊流転と川の流れを掛けたことも、水商売という語の淵源《えんげん》だったように思えてならない。そして川の水は流れ、実相無漏《じっそうむろ》の大海へと注ぐ。水を下ることは転落であるより無限の広がりへの希求なのかもしれない。

川の上り下りから話を転じて「下らぬ話」をしたい。長唄『まかしょ』には「七つ梅・剣菱《けんびし》・白菊」などの酒の銘柄が登場するが、初めの二つは伊丹、三つめは西宮でいずれも上方（関西）の酒である。それほど江戸期では、上方からの酒が美味とされ、昭和になっても灘《なだ》の生一本や伏見の名酒は子供の耳にさえ轟《とどろ》いていたものだ。

いまでこそ上りは東京方向を指すが、江戸期までは京大坂へが上りであった。すなわち上方から江戸へ下って来る酒は上等美味であったが、下って来ない酒はどうにもまずかったという定評だった。そこで「下らない」酒はうまくないことから「くだらない」の話が誕生したというが、酒の話題としては座持ちのできそうな話ではある。

歌舞伎の『独道中五十三駅《ひとりたびごじゅうさんつぎ》』のセリフに「お株で、下らなくなってゐるぜ。よくそんなに酒が飲めるの」がある。下がる一方の株価の時代には、酒で下らない話に興じるのも楽しそうだ。

16

三井寺で刻む時

日本で初めて時間を定めたのは皇太子時代の天智天皇で、671年4月25日のこと。階段状に並べられた箱に上から水を落とし、一番下の貯水槽につけられた目盛りで時を測った。一日の十二等分（現在の2時間）が一時《とき》で毎時、鐘を打ち鳴らした。この一時を四等分した長さは刻《こく》。貯水槽には48の目盛りが刻まれていたことになる。刻は鼓を打って知らせたという。日本の時間はこうした水時計「漏刻《ろうこく》」から出発したわけだ。

これが天智天皇の飛鳥から大津遷都に伴って、移されたから、琵琶湖のあたりが日本の時計発祥の地ともいえる。面白い偶然か、必然だったかは不明だが、鐘を撞くシーンでお馴染みの謡曲『三井寺』はまさにこの土地での物語だ。

〽初夜の鐘をつくときは諸行無常と響くなり後夜の鐘を撞く時……『京鹿子娘道成寺』に受け継がれた詞章は、この『三井寺』から来ている。近江の寺で、子を捜す母に鐘を撞かせるモチーフは、当時の人々が日本の時間の原点が当地にあったことを知っていたからかもしれない。

現代ではあまり知られていない近江の漏刻はそれでも4月25日を太陽暦に換算して6月10日とし、「時の記念日」としてカレンダーに刻んでいるのは嬉しい。漏刻は精密度には欠けていたようだが、現代に通じる定時法であったことには間違いはない。時々刻々、時を刻む、刻々と変化する……といった言葉の元はここにあり、後世、子《ね》の刻《こく》、丑三《うしみ》つ刻《どき》、いま何どきだい？　等の不定時法にも受け継がれていく。

「時は金なり」は英語のことわざ「Time is money」の和訳だが、実は漏刻で測った始めから江戸の「花の雲鐘は上野か浅草か」に至るまで、日本の時は鐘が知らせた。それゆえ、日本では「時は鐘なり」——余韻・余白・行間に時の移ろいを認識するからこそ、日本人は鐘の響きに時を託したのである。

ちなみに寺の梵鐘は僧侶の勤行《ごんぎょう》の時刻を知らせるためだったが、それが一般庶民への時刻認知に広まった。打つ鐘の音の数によって、九つ（真夜中・真昼）、八つ、七つ、六つ（日没・夜明）、五つ、四つといわれた。その前に捨て鐘といって、江戸では三つ、上方では一つ打ってから、時を教えた。聞く者が数え違えないための配慮である。

17

恵比寿三郎と太郎、そして乙姫

狂言の『夷毘沙門《えびすびしゃもん》』に登場する恵比寿様は西宮から入り聟にやって来たと語る。現代でもお馴染みの西宮戎《えびす》神社の御神体である。「えびす」という語は遠くからやって来た者、異邦人あるいは未開未知の土地の者への差別意識が含まれた語だ。

中華思想では、東夷《とうい》・西戎《せいじゅう》・北狄《ほくてき》・南蛮《なんばん》で、周囲の民族は皆「えびす」だから、従って「夷」も「戎」も「エビス」と読まれる。その中で西宮のエビス神にあえて「戎」の文字を採用するのもおそらく「西戎」を効かせたゆえだろう。

恵比寿が三郎というのは、イザナキ・イザナミが生んだ子供の内で三年間手足が萎《な》えていたために海に流された蛭子《ヒルコ》が、天照大御神《アマテラスオオミカミ》と月読命《ツクヨミノミコト》に次いで三番目に生まれた子供であるという異説、俗信による。この流された御子が立派に成長して、海の向こうから帰還し、漁をもたらしたので、手に釣棹《つりざお》と鯛を持ち、えびすも「恵比寿」に昇格した文字で美化されるようになった。

同じく海界を超えた者に水江嶋子《みずのえのしまこ》がいるが、これは後世浦島太郎と巷間で呼び慣わされてお伽話の主人公や狂言『浦島』、さらには舞踊『浦島』にも登場する。この浦島が太郎で定着した背景には、彼が長男と考えられた暗黙の了解があるのだろう。折角《せっかく》竜宮に入り聟し、歓待されたにも拘らず故郷に帰ってこなければならなかった理由には、彼が長男の太郎であった事情がひそんでいたに違いない。

ついでながら竜宮城の乙姫は次女のはずだ。なぜなら二番目の「乙」とわざわざ名乗っているのでもわかる。では、長女は誰であったか？

お伽話になる前の浦島説話の原話ともいえる『万葉集』や『風土記』では、海界を超えた男が大きな亀を釣ると、それが美しい女に化身したとある。亀を助けたのを理由に竜宮城に招かれるストーリーは、明治末の尋常小学校教科書で定着してからのことだ。古い説話では、亀が変身した美しい女は、その名もズバリ「亀姫」とか、一説では「甲姫」とさえ呼ばれている。だからこの物語の古い形では、浦島は乙姫ではなく、亀の甲羅ならぬ甲姫という妻と結ばれていたのである。甲姫から乙姫への変化……。

乙姫が太郎をいったんは入り聟にするものの、帰還を許す物語が成立する心象には、太郎が長男であり、乙姫が次女であるという明治期の習俗感覚が大いに投影していたと想像ができるのである。

18

太夫と太郎

秦の始皇帝が狩りに出た折、俄《にわ》かの大雨に傍らの小松の蔭に雨宿りすると、松はたちまちに大きく伸び枝葉を繁らせ、帝が濡れるのを防いだ。そこで始皇帝は松の木に大夫《たいふ》という爵位を与えたという（『史記─封禅書』）。この大夫という位が日本に入って、公爵の位や神主・禰宜《ねぎ》などの神職の呼称となり、江戸時代には旗本に対しても用いられ、さらに芸能の長や遊女では花魁《おいらん》の呼称に使われるようになった。最高位の花魁を松の位の大夫といったのは、前述の始皇帝の故実から来ている。

ところで、芸能では現在、家元や宗家という呼称が用いられているが、以前は観世大夫や宝生大夫のように一座の長は呼ばれていた。文楽浄瑠璃では数十年間、語り手を「大夫」と表記していたが、現在では歌舞伎の竹本と同様に大の字に点を打って「太夫」とし、清元や常磐津などもこれに随《したが》っている。文字の上からは確かに「太」は「大」から派生したものではあるが、実は太陽、太一などと書くように「太」には全ての中でもっとも優れている、神聖なるものという意味がある。

日本の男児に命名する時、長男には太郎、次男には次郎、続いて三郎、四郎、五郎と命名することがよくあった。数字の順でいえば長男は一郎でもよさそうだが、あえて太郎としたのは、一、二という順を越えて家を継ぐ男児という特別な位置と権威を付与するためにも「太」という絶対無二の文字が必要だったのだ。ちなみに歴史上の人物を名の順に並べると、八幡《はちまん》太郎、熊谷次郎、新羅《しんら》三郎、仁田四郎、曽我五郎などがすぐに思い浮かぶ。現代でも岡本太郎、新田次郎、北島三郎等々。単純素朴ゆえに流行のキラキラネームとは違った時代を凌駕《りょうが》する迫力がある。

漢字の本家中国では、当然同じような風習があって、長男には伯の字を（または孟）、次男には仲、続いて叔《しゅく》、季と命名された。実力が「伯仲《はくちゅう》する」は、この一、二番の争いから来た。

さらに日本でも、子から見て父の兄は「伯父」だが、父の弟は「叔父」と、読み方は双方ともに同じ「おじ」であるにも拘《かかわ》らず書き分けるのは、伯仲叔季の順の中で、父を二番目の「仲」に見立てれば、上が「伯」下が「叔」であるからだ。また「季」の付く名前で、季基《すえもと》、景季《かげすえ》のように「季」を「すえ」と読ませたのは、男児四人までを一応の目安としたからで、中国には現在の人口事情にも似た思惑が命名にも見え隠れしている。

19

六歳六月六日の謎

世阿弥の「風姿花伝」で申楽の始めは、日本ではアメノウズメが天岩戸の前で舞ったこと、インドでは釈迦の説法の邪魔をする外道《げどう》らの気を逸《そ》らすために、六十六番の歌舞音曲を催したことを挙げている。日本は古来、奇数を吉と考えていたが、意外にも子供の稽古事の始めを六才の六月六日にする風習がある。七五三・五節句・三種の神器・三すくみ等々、奇数偏重の日本の中で、六の存在について考えてみよう。

「六大」は宇宙の万象を形づくる要素で、地水火風空識の六つだ。「六道」は地獄・餓鬼・畜生・修羅・人間・天で、人はこの六つの中を輪廻するという。そこから派生して、六道の辻・六地蔵・六観音・六文銭。さらには南無阿弥陀仏の六字の名号や彼岸にいたる六波羅蜜など枚挙にいとまがない。

日本に目を向けよう。「橋の上なる六十六部が落っこちた（清元『玉屋』）」。日本は当時、五畿七道に大別され、国を合計すると六十六になった。その全国六十六か所の霊場を巡って、法華経を一部ずつ合計六十六部納めた行脚僧をそう呼んだのである。また和歌では六歌仙や、それを六倍した三十六歌仙の存在がある。

ところで、仏教では六齋《ろくさい》と言って、仏前に身を慎《つつし》む日がある。毎月8・14・15・23・29・30日の六日間だ。月の満ち欠けに影響された考えだろうが、茶の湯などの芸事でも月六日の稽古を同じく六齋と呼んだ。六齋と六歳は音通である。

一方、六日は六日年越しと言う土地が今でもあるが、さらに昔は六日垂《むいかだ》れといって、生後六日目の赤子の産毛を剃り、命名する風習があった。いわば人生初めての儀式を六日目に設定したわけである。ここには、大安・仏滅などでお馴染みの六曜などが微妙にからんでいるだろうが、六という数霊に人生はじめの儀式を託していることに変わりはない。

以上の例をまとめて、六の歳。月・日に稽古始めを当てる心意があぶり出されて見えてこないだろうか? しかも旧暦六月は五月雨《さみだれ》（梅雨）を終え、田には早苗を植え終わった季節でもある。田の実りのごとく、子供らの技芸の上達を祈り、予祝するには六の数字がそろった、これほど適切な時期はなかったのである。ちなみに数学で6は1・2・3という素数（1と自分でしか割りきれない数）を足すと6になる完全数でもある。そんな知識の有無が影響したかどうかは定かではないが、まさに数字として独自な存在感を持っていたのだった。

20 続・六歳六月六日の謎

前項で子供の稽古始めにふさわしいといわれる「六歳六月六日」の習俗について、「六齋日」や「六日垂れ」を挙げて私見を述べた。が、私があえて取り上げなかった有力な根拠として「六六鱗変《りくりくりんへん》じて九々鱗《くくりん》と化す」の故事を紹介しなければ不十分なので、再述を試みることにした。

「六」という字は偶数でありながら六道・六識など重要な概念に用いられて来たことも前述の通りである。ここでいう「六六鱗《りくりくりん》」とは6×6＝36枚の鱗を体の側線に沿って有している鯉《こい》の異名である。六六魚というのも同様に鯉のことだが、実際の側線はおよそ30～40枚の鱗が並んでいるのがふつうで、必ずしも36枚とは限らないようだ。

逆に言えば、あえて六六鱗とすることで、六の持つ強力な数霊による呪力や縁起によりかかった処にこの故事に隠された本質があるように思えるのだ。というのは、ここにはお馴染みの「登竜門《とうりゅうもん》」の故事が絡んでいて、中国の竜門という滝を登り切った鯉は竜に化す条件として三十でも四十でもない「六六鱗」を必要としたのではなかったろうか。それは竜の鱗を陽数の最大の数「九」を掛け合わせた「九九鱗」としなければならない理由があったからだ。

六六鱗を備えた鯉は竜門の滝を遡上《そじょう》して、九九鱗を有する竜に化す――六六は易学で言えば「坤《こん》の卦《け》」に当たり、ものごとが籠もる土を意味する。九九は「乾《けん》の卦」で、すべてが達成し頂上を窮《きわ》める天の意である。坤（土）から乾（天）への変化。まさに物事の始め、稽古始めにふさわしい数霊の六六の日を選ぶには、九九の竜になる願望がこめられていたのだ。

が、筆者がこの巷説を物足りなく思うのは、六六では「六歳六月六日」における六が一つ不足していると屁理屈をつけるからに他ならない。文化や習俗には、一つの答えでは解決つかず、さまざまな要素が複合して「文《あや》」に「化」してこそ初めて「文化」になる。一つの故事だけでは、習俗の起源としては説明しきれない。

「六六鱗」の故事は、江戸期より端午《たんご》の節句の鯉のぼりとして五月五日のほうに習合した感がある。だからこそ、私は「六齋日」や「六日垂れ」を加えて「六六六」が孕《はら》んでいるメッセージを新たに読み取ろうとしていたのである。

21

「八」は末広がりか？

日本人は七・五・三に代表される奇数を吉数と考えてきた。その代表例が五節句における一月七日、三月三日、五月五日、七月七日、九月九日と奇数（陽数）をあえて重ねた重陽の考え方だ。

一方で、六月六日は芸道の始まりの吉日だし、八は末広がりと持て囃せば、結局は奇数ばかりか偶数も含めてどれもこれもが良い数だとする、融通無碍《ゆうずうむげ》、いい加減な民族とも言われかねない無節操《むせっそう》ぶりになる。おそらくここには、太古の列島原住民と後の支配層との信仰の相違、あるいは中国からの思想の移入などがあっても、一方が他方を打ち消すのを畏れて併存を保って来た民族性があったゆえであろう。

それはともあれ、日本の八月は六日の広島、九日の長崎というつらい記憶を背負っている。そして十五日の終戦は悲願の費《つい》えた日でもあり、再生復興への志《こころざし》が萌《きざ》した日でもある。

「八」は八百万《やおよろず》の神、八百屋、江戸八百八町、大阪八百八橋のように多い不定数の頭に冠せられてきた数字である。数多い事を楽観すればめでたく感じられるが、客観的に見れば捉えどころのない曖昧さに充ち満ちている。

八方破《はっぽうやぶ》れ、八方塞がり、八方美人などは決して褒めた言葉ではない。四方とは東西南北と一般的には解釈されるから、従って八方は四方の間の隅、すなわち東南、西北、南西、北東と辞書的には定義されている。が、四方は方角であるより全方位を意味するのが心意としては正しいだろう。謡曲『高砂』に「四海波静かにて」は太平洋や日本海などではなく、周囲すべての海だし、それはぐるり全体を四囲とか四州と言うことでもイメージできよう。その開かれた四方に対し、閉ざされた観念を示すのに際限のない曖昧な八方が使われたから八方破れ、八方塞がり、八方美人……等々の言葉が出て来たのだ。

『古事記』では高天原《たかまがはら》から追放された須佐之男命《すさのおのみこと》が出雲国へ行ってからの記述にやたらと「八」が登場する。八岐《やまた》の大蛇《おろち》、八稚女《おとめ》、八鹽《しお》折の酒、八門……そして歌は「八雲立つ出雲八重垣《やえがき》妻籠みに八重垣作るその八重垣を」おそらく「八」は多数という意の他に幾重もの曖昧模糊《あいまいもこ》とした厚い霧の如き封印の意が重ねられているのだろう。

日本人の感性は同じ言葉や数字でも悲観と楽観の双貌《そうぼう》として解釈できる許容力があった。日本の八月は敗戦の暗い過去でもあり、明るい未来への末広がりとも感じるように……。

22 「爆買い」と「謡」と

「爆買い」は2015年の新語・流行語大賞の一つ——中国人観光客が日本へやって来て、電化製品を始め、大量の商品を購入するさまを表現した造語だ。この手の流行語に品格を求めるのは野暮《やぼ》で、お門違いではあるが、その刺激的、扇情的で揶揄や批判、驚愕を込めた「爆買い」には、言葉の品性などという頼りない戒めの枠を蹴破《けやぶ》ってしまった感触がある。

ところで「爆買い」の「買い」は、言わずと知れた動詞「買う」の連用形である。日本語の性質として、動詞の連用形が名詞化することは、文法を意識しなくても、我々も自然とこなしている。例えば「遊ぶ」は「遊び」、「休む」は「休み」、「歩む」は「歩み」等々のように……これを古典芸能を例にとれば「踊り」「舞い」や、「囃す」が変化して、わざわざ「囃子」とあたかも動詞から痕跡《こんせき》を消したような語まである。「謡」もまさにそれで、もとは「謡ふ」で、それが「謡ひ」と変化して、送り仮名ははずされて「謡」だけで現在では「うたい」と読ませている。

「謡」のもとが「謡ふ」という動詞であることは明らかだが、では「歌」はどうかというとこちらはなかなか難しい。動詞からの変化と考えれば「歌い」が名詞となる筈だが、語幹の「歌」だけで途切れているからだ。そこから推量してこの語はもとから名詞として存在したのかもしれない。そこで「歌」の語源をひもとけば、「打つ」から「ウタ」が起こったとか、「疑ふ」や「うた（転）」のウタと同根で、自分の気持ちを表現する意だとする説もある。いずれにしても、歌は和歌として用いられたもので、五七などの韻律を伴ったものを指していて、動詞の「詠《よ》む」を伴って「歌を詠む」と言うのがふつうだったから、動詞が名詞になるのはそんな容易なものではなかったようだ。

話を戻せば、動詞の連用形はなんでも名詞になるかといえば、単独では成立しない語も多い。例えば「知る」は「知り」だが、この語の場合「もの知り」「わけ知り」などにしなければ名詞としてはおさまりきれない。「切る」も「切り」だけでは独立できず、「千切り」「首切り」のように使えば落ち着く。

「買い」も、相場の話としては成り立つが、日常で「買い」と使えばなんとも下卑《げび》た感覚が付きまとう。その意味では「爆」も本来なら一文字では成り立たない。そんなはぐれ者同士をむすびつけて新語とした処に、作者の強烈な感覚が窺える。

23

申が「まさる」で神となった

申歳になると、必ずといっていい程、「さる」に「ま」を冠《かん》して「魔去る」「増さる」「優る」年だと喧伝される。十二支に登場する他の語では、あまりこのような言葉遊びはされないのが一般的だ。これは日本語がそもそも音が先で、文字は後から中国から取り入れた歴史を持つからで、本来「さる」という不気味な音を忌んだことから、あえて肯定的な意味を持つ「まさる」に擦り代える知恵を働かせたものと考えられる。

もともと十二支の子丑寅卯……は、木星＝歳が天を十二年で一周することから、中国の天文学で毎年の木星の位置を示す方角に付けられた語であった。それを覚えやすいように十二の動物の名と結び付けるようになったのは、紀元前5〜4世紀の戦国時代。さらにその影響として、子歳生まれの人はネズミのように小まめによく働く。亥歳は猪の如く一途に突っ走る性格の持ち主だと言う俗説が生まれた。その伝でいえば、申歳の人は猿のように器用で利巧者で愛嬌がある等々言われる。

が、申はその性格より「まさる」ように、音に依拠《いきょ》したものであることが特徴的だ。

正月に栃木県のとある旅館に宿泊した時のこと。宿の主人が挨拶で言っ[illegible]「玄関に餅を置いておきましたら、山から猿がやって来て、持って行きました。まさに[illegible]の一年の魔を持ち去るということで……」決して高度なシャレではない言葉遊びでも[illegible]わせた泊まり客はそれなりにめでたい気分になっているのがほほえましかった。か[illegible]に「さる」の音が放つ不祝儀の匂いを日本人はなんとか祝儀へと転じていこうとする[illegible]」解があるようだ。

では、音ではなく文字の「申」は如何か？　これは天からの電光すなわち雷の光りが斜めに降りた形が初めだとされる。電光の屈伸する姿、天神の顕われる姿と考えられた。まさに伸や神の文字も「申」から派生して作られたこともこの事から推察可能であろう。

世阿弥の『風姿花伝』には「神楽なりしを、神といふ文字の偏を除けて旁《つくり》を残し給ふ。これ、日暦《ひよみ》の申《さる》なるが故に申楽と名附く」とあるが、この言説とは逆で、もともと申の文字は神という文字へ発展する原点があったのだ。まさに「申」は「まさる」性質によって「神」を生んだといえるのである。

24

さだまさしの『飛梅《とびうめ》』

さだまさしの早春の歌に『飛梅』がある。太宰府天満宮での恋人との思い出を綴った曲だが、その中にある「私も一夜で飛んでゆくのと云った　忘れたのかい飛梅」と言う歌詞は、菅原道真が太宰府へ流されたのを愛樹の梅の木が後を追って都から九州まで飛んだと言う伝説を踏まえた歌詞だ。

この伝説にはさまざまな説明があって、伊勢《いせ》渡会《わたらい》の社人・白太夫《しらだゆう》が庭の紅梅の根を分けて太宰府へ下ったが、道真が朝廷にはばかって一夜の内に飛んで来たと言ったとか（『筑前伝説集』）、あるいは、左遷《させん》された九州までの間に三ヶ所とびとびに道真が植えたものという説（『越前若狭の伝説』）もある。

前述の白太夫なる人物は、太宰府で道真に付き添い世話をしたとされ、『菅原伝授手習鑑』では、三つ子の兄弟、梅王丸・松王丸・桜丸の父親とされ、佐太村で七十歳の賀の祝いをした日に、息子桜丸の切腹という悲劇に立ち会う人物として描かれる。

この飛梅の奇瑞を起こす原動力になったのは、道真の有名な和歌「こち吹かば匂ひ起こせよ梅の花あるじなしとて春な忘れそ」である。「こち」とは東風のことだが、この変わった言い方の語源にも諸説あって、小さな風のこと（小は「こ」、風神などを「し（科戸の神）」といって、それが「ち」に変化した）あるいは東は寅の方角であるので虎＝「こ」、それに方角をさし示す「ち」即ち「あっちこっち」の「ち」が付いたとも……。それはともあれ、道真が愛したのは梅ばかりではなく、別れに臨んで「さくらばなぬしを忘れぬものならばふきこむ風にことづてはせよ」と桜にも名残りを惜しんでいる。さらには、謡曲『老松』の間《あい》狂言には、道真を慕ったのは梅ばかりではなく松の木も後を追ったので、「追い松」といったのをめでたい言葉に変えて「老松」としたのだとも語らせている。その意味では飛梅ばかりがクローズアップされて伝説化したことに、桜も松も大いに異論を唱えたい処だろうが、人と違って草木は寡黙である。しかも道真の多情に比べて一途だ。

さだまさしが飛梅に仮託した彼女は、一夜では飛んで来てくれずに、男性の方が「東風吹かば君は何処かで想いおこしてくれるだろうか」と、あえかな希望を歌に託すしかなくなった。春になっても梅が匂いを起こさなくなったら、それは人がなんらかの過ちを自然に対して犯してしまったからかもしれない。そんな自問とも読める言葉に続く最後の歌詞は「太宰府は春　いずれにしても春」……。

25

手紙と文《ふみ》

舞踊ではよく天紅《てんべに》の手紙が登場する。傾城や遊女らが客や恋人に送る手紙の印として、上の部分を紅色で染めたものだ。従って、男性側からの手紙には天紅は使わないし、また町家でのやりとりにも用いられないことになる。

時折『櫓《やぐら》のお七』などで、この天紅をお七が読むシーンを見かけるが、これは明らかに誤りだ。お七は町娘であって、遊女ではないからだ。が、白を基調にした雪の場面に紅色を入れたい誘惑はわからなくもない。

それはともあれ「手紙」という呼び方は明治期になって一般化したもので、それまではもっぱら「文《ふみ》」と言われた。もちろん手紙という言葉自体が無かったわけではなく、室町期では手元に置くメモ程度の紙や、贈り物の添え書き等に手紙という言葉は用いられたりしていた。また小文《こふみ》とも言った（ちなみに葉書も「はがき」として、督促状などを表わす語だったが、明治以降、郵便葉書用に使われる）。

ところで、舞台でいわゆる小道具として登場する文《ふみ》にはどんなことが書かれているか、ご存知だろうか？　能狂言や歌舞伎、舞踊ではそれぞれこの中が異なっている。

以前、舞踊劇台本で手紙を読むシーンを書いたことがある。その折の狂言方（歌舞伎や舞踊では台本を書いたり、幕の開閉で柝《キ》を打つ人）から私に、この中にどういう文章を書いたらいいかを尋ねられ困ったことがある。その狂言方は歌舞伎界の人なので、あくまでも芝居としてリアリティある文章を書かねばならないからだ。それは劇中で抜かない刀とわかっていても刃紋を描いて役者に渡す裏方がいるのと同様で、口に出して読まずとも、目をそこへ落とす以上は無関係の文章では役者の実感を削《そ》ぐことになりかねないからである。

その点、舞踊のほとんどの手紙は草書で、よくよく読んでみると全く関係のない曲の詞章が書かれていたりする。読むという行為を「振り」という別次元の様式に転位するのが舞踊だからであろう。

能狂言はもっと徹底して、全く文字を書かない白地を用いる。『熊野』『花筐』等でも、その文を開き、声を出して読むシーンがあるがそこには一点の墨色すらない。象徴づくめの舞台の中で、ギリギリの一点具体として登場する文も、そこに文字があっては「物」になってしまうからだ。あくまでも「文」という記号、手紙というイメージを喚起させる依《よ》り代《しろ》でなければならないからである。

26

「振る」という行為

歌舞伎舞踊には布晒《ぬのさら》しを振る演出が出て来る。何故、さらしを振るのか、確かな答えはない。が、『越後獅子』や『近江のお兼《かね》』の布晒しの踊りは、波に関連した歌詞を伴い、最後に「いざや帰らん己が住家へ」等のように、もとへ「返る」事が暗示されるのが定型となっている。

ここから連想されるのは、角兵衛獅子は故郷へ帰る思いを、お兼は恋する思いを波によって届けようとしているかに読める。

以前から、この布晒しに関しては、韓国の芸能「トサルプリ」に使用される白く長い布との近似を私は語っている。ソウル国際舞踊コンクールの審査員として、さまざまな韓国の伝統芸能を見て来たが、そこで「トサルプリ」に布晒しとの近似をより強く思ったと同時に、同じく韓国芸能の「スンム」や「キヨウブック」などで長い袖を振る動きが多用されるのを見ると「振る」という行為自体に深い意味を内包しているのが察せられた。

「トサルプリ」の白く長い布は、人間と神との橋わたしになる呪具だと、韓国の人間文化財・金淑子に伺ったことがある。日本の『万葉集』でもお馴染みの和歌「茜さす紫野《むらさきの》行き標野《しめの》行き野守は見ずや君が袖ふる」に示された「袖ふる」行為は、単に恋人同志の挨拶的動作ではなく、互いの魂を通わせ、招き合う呪的行為であることは既に定説となっている。

この二つから連想を広げれば、歌舞伎舞踊における娘役の振り袖の扱いや手拭《てぬぐ》いの揺らぎ、そして布晒しに至るまでが、この民族的共通性に根ざした魂の揺らぎ、招き、呼び合い等々を原初的な心の中に持っていたと想像できるのである。

能では舞の時などに着る長絹《ちょうけん》の袖を振る姿は見られない。返すか被《かず》ぐ型を見せるのだがまるで衣に宿る魂を、より身に添わせたり、深く沈潜《ちんせん》させる行為のようだ。

能や歌舞伎では演技を「型」と呼ぶのに対し、舞踊が「型」より「振り」という言葉や概念に合うのは舞踊それ自体が魂を揺り起こし、外界の振動によって他者へ共感、共鳴を働きかける芸能であるからなのだ。

いま、この時代、型はどんな刻印を象徴し、振りはどんな共振を起こさせるか。舞踊の目指す処は歴然と見えて来ている。

ことば蔵の小窓 ①

世阿弥は能を作るにあたって本説《ほんぜつ》があるのが大事だと述べています。本説というのは、出典などになる過去の書物や和歌、故事などの事でしょう。現代人なら、これではオリジナリティや個性がなくなると言いたくなるところでしょうね。

私は「表現」という言葉を「(自分を) 表《おも》てに現わす」ではなく、「(自然と) 表てに現われる」と考えています。ちょうど氷山の喩《たと》えのように、水面下に沈んだ部分の体積に比例して浮力がつき、氷の頭部が海面に姿を現わす状態。自分で浮かび上がろうと力を入れもがけば、そのぶん体は水中へ沈む……

この水面下にあるものが本説でもあり、先人の知恵といったところですね。何よりも思考に用いる「言葉」そのものすら自分の創造したものではありませんから、オリジナリティや個性だなんて偉そうなことはいえません。

芸能を巡ることば

27

何故かみさんは山の神か?

山姥は山に棲《す》む鬼であると同時に、里に下りて人々を助ける優しい面も持ち合わせる。だから近松門左衛門の『嫗山姥《こもちやまうば》』で山姥は怪力の金太郎を生む母親の話にまで発展していくのだろう。神も畏《おそ》れ多いばかりでなく慈悲を持つように、山の神を抱き守り育てる山姥も同じく両面を兼ね備えていなければならなかったともいえる。その意味で、山姥は「姥」の文字が示す通り、完全に女性のイメージに統一された。しかし、山の神にはまだ両性があると考えられるのである。

例えば、神話にも登場する三輪山の神体は蛇で、毎夜女性のもとへ通ったことでも、男神であると知れよう。が、現代でも通用している「山の神」は古女房の称である。では、何故「山の神」は男性ではなく、女性を指す言葉になったのだろうか?

山の神には別の言い方があって「十二山の神」とか「十二様」というものがあった。この「十二」は十二支を表わし、しかもその十二番目の亥をさすものであったらしい。

ヤマトタケルが伊吹山で山の神の威力に息もたえだえになる時、いのししが登場する例でも、やはり亥が山の神の見立てとなっていたからだ。この亥に対中（十二支の順で正反対の位置）するのは六番目の巳で、巳は蛇、すなわち前述の三輪山の神体と同じだ。向かい干支《えと》といって、対中する十二支の各々は、それぞれを助け合うという考え方がある。お互いが陰陽を補《おぎな》うので、例えば卯年生まれは酉を、辰年には戌を守りにするといいといわれる。六番目の巳に対して十二番目の亥もその関係である。だからヤマトタケルでは亥＝猪が、三輪の神話では巳＝蛇がそれぞれ山の神の見立てとなった。

ところで巳と亥を八卦で見ると、巳は全陽、亥は全陰である。すべての事象を陰陽で照らす考え方でみれば、日は陽であり、月は陰、男性は陽であり、女性は陰だ。巳がちょうど全陽であるから、三輪山の神体の蛇は男性の象徴となり得たのである。

これに対し、同じ山の神でも亥は全陰であるから女性でしかありえない。本来、山の神は両性を具有していたわけだが、亥の持つ属性のみが巷間で十二支の終わり、とどのつまりの亥「十二様」の生活バージョンとして、畏れながらも蔑《さげ》すむ存在としての古女房とリンクしたのである。

後世の「かみさん」もこの「山の神」（中世の狂言でも使用）から簡略化され、現代に至ったのであろう。やはり神は畏敬されてこそ「かみさん」になる。

28

鮨と鮓と寿司につけこんで

東京にある吉野鮨で、店名の由来は『義経千本桜』かと尋ねたら、店主は「よく聞かれるんですけど関係ありません」と答える。しかも創業者の名前でもなく、なんとなくついたと、にべもない返事に鼻白《はなじら》む思いがした。

京都では人に連れられ、弥助鮨なる店に案内されたので、これこそいがみの権太《ごんた》のつるべずし、そして父親と平維盛の変名との連想をしたが、やはり店主からすげなく否定された。『義経千本桜』のメイン舞台となる吉野山、その下市にあるつるべずしには、平維盛が匿《かくま》われ、親父の名と同じ弥助という変名を使っている。息子の権太はいがみと異名をとるならず者で……そんな文化の重層性を店名に嗅ぎ取ったとしても、現代《いま》の歌舞伎ブームはイケメン俳優への興味でこそあれ、言葉遊びや文化の戯《たわむ》れにまでは至らないのが現実のようである。

それはともあれ「すし」には、鮨・鮓・寿司・寿しなどの文字が宛てられるが、笹原宏之の『方言漢字』には、タウンページから調査して日本全国のすし店の表記を県別にした地図が掲載されている。結論から言えば、北海道では「寿し」が多く、東北から関東、近畿、中国、九州地方では「寿司」、北陸、四国では「寿し」が優位であった。といっても「鮨」も大いに健闘していて北海道では一位と僅差《きんさ》であり、全国で最も「すしや」の軒数が多い東京でも第一位の「寿司」２２４３軒に対して「鮨」は１４３４軒とある。

ところで「すし」の語源は、形容詞「酸し」から発展したものと考えられている。歴史的には正倉院文書（734年）に「鮨」の文字が見られ、続いて享和本『新撰字鏡』（900年頃）には「鮨　須志」の記載があるのが古い。が、いずれにしても魚を塩漬けにしたものであったらしい。その後、発酵を早めるために飯が加えられ、さらに近世になると飯に酢を加え、その上に魚介類を載せた現代に伝わる「すし」の祖型が生まれた。

前述の店名分布地図で興味深いのは「すし」に「酢」の文字を用いる店名が少数でありながらも各地に点在していることである。十巻本『和名抄《わみょうしょう》』にも鮨と鮓が同義に使われていたことが記されている（「鮨（略）和名須之　鮓属也」）。しかし厳密に言えば、飯の中に魚介類を入れ漬けるのが「鮓」で、魚介類の中に飯を入れて漬けるのが「鮨」であるという。そして「寿司」は縁起をかついだ宛て字だが、やはり意味の上にめでたさが載ってこそ日本語の心性には合うようである。

29

日本語に未来はない

本稿のタイトルは随分と物々しい。いえ、ホントウは日本語に「未来形」はない、というのが真意なのです。

「明日、わたしはお宅に行くでしょう」とか「あなたのお嫁さんになるでしょう人」という言い方は、英語の直訳としては正しいが、日本語としては不自然で座りが悪い。未来形は英語の翻訳から誕生したもので、それ以前にも「せう」と書いて「しょう」と発音した使い方はあったが「それがいいでせう」「これをあの人にあげませう」のように「だろう」の丁寧語「です」が変化した物言いにすぎず、いわゆる未来形の使い方ではない。

もともと「未来」という語は、仏教から来たもので、死後の世界の意味合いが強かった。未来にしても未然形の未然にしても「まだ来ない」「まだ然《そ》うなっていない」というように否定を伴う。日本語の未来形は概して否定的な言い方が好きである。

例えば「お茶がさめないうちに」「忘れないうちに」と使う。英語では before I forget

だが、そのまま直訳すれば「忘れる前に」となり、日本語としてはしっくり来ないのである。日本語であえて否定を使うのは、「お茶がさめない」「忘れない」「まだ来ない」という確実な現時点での状況を踏まえる意識が強いと考えられる。そして、その「〇〇していない」状態を保つために、次の行動を促すようにしているのである。過去の時間など、確実なものへの意識が強いと思われてならないのだ。

残雪、残んの雪、なごり雪——降った雪にも後日の景色を楽しむ美意識が働く。去りゆく春を惜しみ、散る桜を美しく思う。いわば移ろい、過ぎゆく時間を無常ととらえる思考が根強いのだ。

『義経千本桜』の舞踊『吉野山』は全山満開の桜で彩られているが、原作では桜が咲いていない。さらに大団円《だいだんえん》の花矢倉《はなやぐら》でも桜は咲いておらず、桜の枝に雪が降り積もるのを桜の満開の景色に見立てるのだ。すなわち不遇の武将・源義経の未来が花開くのを幻視する人々の思いが、雪の吉野山を桜満開の山として幻視させるのである。

まさに、未だ来ぬ先への希望を雪に託すのだから、まんざら日本語の否定形も捨てたものではない。

30 捨て詞《ことば》

歌舞伎舞踊の出・クドキ・踊り地・チラシなど、各段から段へ移る時に舞踊では多く後見座や舞台左右の袖へ退場する。これはいわばフェイドアウト方式とも言える演出方法で、それまで描いていた世界を徐々に薄め消して、次の場面への転換を図るのである。

ところで、歌舞伎舞踊の詞章はよく継ぎはぎで文芸的価値のないもののように言われがちだ。私はあちこちでそれに異を唱えてきた。が、その非難の主たる原因の一つとして挙げられる、段から段への移りの無意味ともいえる未成熟な詞句であることには、さすがの私も気づいてはいた。例えば踊り手が後見座などへ退場する際に常套句《じょうとうく》のように使われる「しどもなや」「面白や」「しをらしや」の類がそれである。

近松門左衛門は『難波土産《なにわみやげ》』の中で「あはれなりといはずして、ひとりあはれなるが肝要なり」という。わざわざあわれだと言わなくても自然とあわれを感じさせるのがいいのだと言っているのだ。さらには松島などの風景をただ綺麗だと言ってしまえばそれで終わりで、いろいろ描写してその美しさを伝えるのだとも述べている。

これからいけば、舞踊詞章がかなりこの基本を逸《いっ》しているのがわかる。ちなみに列記すれば、「しどもなや」は『玉兎』『玉屋』『土佐絵』に。「しをらしや」は『浅妻船』『汐汲』『屋敷娘』『賤機帯《しずはたおび》』に。また「面白や」は『うかれ坊主』『三《み》つ面子守《めんこもり》』『夕月船頭』『屋敷娘』『津山の月』など。しかもこれらの言葉が皆、踊り地の最後に使われているのが興味深い現象である。

いわば作詞者の感想ともいうべきこれらの言辞《げんじ》がここで用いられるのは確かに文芸的に未成熟の誹《そし》りは免《まぬが》れえまい。が、それが多用された背景には、踊り地というさんざめく狂躁《きょうそう》を消すにあたって、フェイドアウトの法則がおおいに有効だったからではなかろうかと愚考するのだ。すなわち、この部分に各段にもっとも重要なメッセージを籠めては、曲や演者の転換部分として重すぎるゆえ、聞こえても聞こえなくてもいい月並な句を添えて転じる景へのブリッジとしたと考えられるのである。

芝居に捨て台詞《ぜりふ》があるように、舞踊詞章にも捨て詞《ことば》があったと私は考えている。それが前後のパートで描かれる情や景色の変化を輝かせるのである。すべてが光りばかりでは光りそのものも目眩《めくら》まされて見えなくしてしまう。時に影のような曖昧さも必要となるのである。

31

為《し》果《は》つ月

忘年の友・忘年の交わりという言葉がある。年齢差を忘れさせるほどの付き合いという意味だ。これとは別に年忘れがあって、こちらは一年の疲れや憂さを払う意に使われたが、いつの間にか、忘年会などと音読みされ、まぎらわしいものになった。

一年間が嫌なことばかりでなかったにも拘《かか》わらず、感謝より忘年によって年末を越そうとするのには、禊《みそ》ぎや払いの思想による影響が大きいだろう。

「年の瀬や水の流れと人の身は明日待たるるその宝船」

歌舞伎『松浦《まつうら》の太鼓』で、煤払いの笹竹屋に身をやつした赤穂浪士の大高源吾が宝井其《き》角《かく》の読みかけた五七五の上の句に、七七の下の句を付した歌である。

一年の終わりを「年の瀬」と、流れ消えゆくはかない言葉で詠みかけ、さらに行くえ定めぬ「水の流れ」と浪々の身の上を「人の身」と重ねて、年果てるペーソスで包む上の句に対し、下の句は明るい希望に転じた妙味がある。

赤穂浪士の討ち入りが12月半ばに起きた処に、冬から春への希望の見立てとしたのが芸能の知恵だった。それは歌舞伎の高師直《こうのもろのう》が黒の烏帽子大紋で冬を象徴し、それに立ち向かう桃井若狭助《わかさのすけ》が浅葱《あさぎ》（青）、塩冶判官《えんやはんがん》が卵色（黄）で春の若々しいイメージを表現していることでも想像できよう。冬という籠もりの固い殻を打ち破るには、春を想起させる桃井から塩冶への怒りの移行や連鎖、そして塩冶から大星ら四十七士への破壊の継承がなければ為《な》されなかった。だから、実際の事件も確かに12月に起きたことではあったが、歌舞伎の興行で毎年師走《しわす》に行われたのには、一年の終わりの冬から、一年の始まりである春への通過儀式としての意味が、この芝居を上演するための民俗的心意を託されていたからに他ならないのであろう。

ところで、師走の語源は「為果《しは》つ」とも「師（僧）が走る」ゆえとも言われる。僧侶はこの季節は多忙なのだが、一方で「師走坊主」という言葉もあって、これはお盆の時期とは違って、暇なおちぶれた坊さんという意味だから、言葉は似たようでまったく反対のものになってしまいがちである。

アッという間で、夢のような一年と感じるのがこの時期独特の感慨……忠臣蔵、クリスマス、第九、大掃除煤払《すすはら》い、紅白歌合戦――これらの呪物《じゅぶつ》を通り過ごして日本の新しい春がやって来る。たしかに「為果つ」ことが課題となる月である。

32 先代萩と銘菓

女優の朝丘雪路が歌舞伎でお馴染みの乳人《めのと》政岡《まさおか》を演じるという珍しい『萬《まん》夜《よ》一夜《ひとよの》先代《せんだい》萩《はぎ》』を演出させて貰ったことがある。主君の身代わりになって千松が毒見をして死ぬ御殿の場と、『老後の政岡』という珍しい、小芝居ではよく演じられた演目を同時に上演してご覧に入れる趣向だった。

この歌舞伎のネタは伊達藩の御家騒動で、仙台侯伊達綱宗の放蕩《ほうとう》による失脚から、跡目に関する二派の紛争が起きた歴史上の事件が元ネタだ。その綱宗侯の寵愛を受けたのが吉原遊郭の名妓の二代目高尾で、活躍した年代の名を冠して「万治高尾《まんじたかお》」と言われている。綱宗と高尾の仲は、後世さまざまな妄説を生み、高尾は恋人島田重三郎がいたため、綱宗の意に添わず、隅田川の三叉《みつまた》で斬殺されたというのが特に名高い。が、実際に歌舞伎その他で高尾物といわれるジャンルが出来る直接のきっかけは、姫路十五万石の大名・榊原政岑が六代（または七代）高尾を身請けしたことが幕府から不行跡《ふぎょうせき》を咎められ隠居を命じられたことあたりからのようだ。

伊達の御家騒動の原因を殿様の廓通《くるわがよ》いとして、名香でお馴染みの伽羅《きゃら》の名木による下駄を履かせて、花水橋の場としたのが歌舞伎『伽羅先代萩《めいぼくせんだいはぎ》』を上演する通例での発端場面になる。伽羅を「めいぼく」と読ませ、さらにそれを仙台宮城野の名物・萩に通わせたのは、歌舞伎題名一流のエスプリだが、当然「先代」には幼君鶴千代の父、すなわち放蕩した先代殿様と、土地の名の「仙台」が掛けてある。その仙台の名花である「萩」の語が装飾的に続いても別段不思議ではないわけだが、実は萩には不思議な特性があるのだ。

山火事があると、植物は皆焼失してしまい、そこに風や鳥などによって新しい種子が運ばれるまで時間がかかるのがふつうだ。が、萩の種子は土中にあると、この火の熱によっても死なずに、却って力を得ていち早く発芽し、ついには花を咲かすというのである。ということから、いわば山火事にも似た御家騒動が生じても、先代の遺した子や家臣らによって再び仙台の萩を蘇《よみがえ》らせるという意味がこのネーミングには籠められていると読めるのである。萩の文字の中にある「火」——このエネルギーこそ伝統の再生力。「萩の月」が現代の銘菓になるのも、そんな言葉の力によるものかもしれないと、私はあのクリーミーな和菓子を頬張るたびに夢想している。

33 君去らずと与三郎《よさぶろう》

与三郎とお富の物語は、名優たちの創意工夫によって、初演から160年もの間、歌舞伎の代表的演目であり続けている。物語にゆかりの木更津へ行った時、町のあちこちに「きみさらず」の名前を冠した銘菓や業種があることに気付いた。これは木更津という地名の語源とされるもので、日本武尊《やまとたけるのみこと》が航行中、荒れる海を沈めるため、妻の弟橘姫《おとたちばなひめ》が人柱に立って入水した時に詠んだ歌がもとになったというのだ。

君去らず袖しが浦に立つ波の　その面影を見るぞ悲しき

ここでの君は日本武尊のことで、亡き妻を思い、その場を立ち去れなかったことを言う。

ところで、与三郎は伊豆屋に養子に貰われたが、あとに与五郎という実子が生まれたにも拘わらず、跡取りに決まった。その途端、与三郎は放蕩を始める。これを周囲の人々は実子へ義理を立てての配慮と見ているが、原作での与三郎本人はその動機を曖昧《あいまい》にしか語らない。私にはそれが与三郎の人生の目的感の喪失による心の空虚と読んでいる。木更津で突然出会ったお富という他人の思いものに、何不自由なく育った与三郎は心に欠けていた熱情という火を点じられる。お富は赤間源左衛門に世話にはなっている女だが、実感のない愛の気晴らしに木更津へ浜見物に出ていたのだ。そこで見つけた心のときめき……。

二人の密会は発覚し、お富は入水し、与三郎は34か所の刀疵《かたなきず》という受難――この設定は弟橘姫の入水や日本武尊が体験した苦難と似てはいないか？　ましてや日本武尊は兄の大碓命《おおうすのみこと》との関係において漂泊の旅に出される。与三郎は貴種流離譚《きしゅりゅうりたん》の世話物バージョンでもあるのだ。

このようにして『与話情浮名横櫛《よわなさけうきなのよこぐし》』を読むと、実説のモデル（長唄の四世芳村伊三郎）から木更津でのスキャンダルや江戸で女との再会を果たした話を聞いた作者の頭の中に、当然のごとく「君去らず」の伝説が甦ったと想像したくなる。現代にまで木更津の語源として多くの社名にまで用いられる「君去らず」の神話はお富与三郎の情話にまで影響を与えたのではなかったろうか。

「死んだと思ったお富たあ、お釈迦様でも気がつくめえ」から「おぬしァよくも達者でいたなあ」とお富を入水した海から蘇らせることは、日本武尊の思いでもあり、それを透かした人々の願望実現の歌だったのである。

そう読む時、お富与三郎が永遠の物語になった心の深層が理解できるのだ。

34

二人いた関《せき》の小万《こまん》

日本舞踊の手ほどき曲にもなっている長唄『関の小万』のモデルは、現在の三重県関市が宿場であった頃、遊女をしていたらしい。その嬌名《きょうめい》は近隣にとどろき、男たちの人気の的であったが、近在の亀山に思う人がいて、それが「関の小万は亀山通い　色をふくむや冬ごもり」の文句を生じた（宝永7年＝1710　増補『松の落葉』）。

これに至るには、この以前から唄い囃された鈴鹿馬士唄《すずかまごうた》の存在が大きい。「坂は照る照る鈴鹿はくもる　合《あい》の土山《つちやま》　雨が降る」でお馴染みだが、さらに「与作思えば照る日も曇る　関の小万の涙雨」と唄い継いでいく。

ここで登場する与作が実在の人物かどうかは不明だが、近松門左衛門がこの馬士唄から『丹波与作侍夜小室節《たんばよさくまつよのこむろぶし》』を作り、一躍有名になった。これが宝永4年のことだから、先述の長唄『関の小万』とほぼ同時期。モデルの実在はさだかではないものの、同一の人物像を対象にしていると考えられる。

ところで、関市に行くと、関の小万の伝承はもう一つあって、天明3年（1783）に親の仇討《あだう》ちをした女性の碑がある。近松や馬士唄、長唄に唄われた関の小万とは、およそ80年もの隔《へだ》たりがあるから同一人物とは考えられない。

こちらの話は、九州久留米藩の牧藤左衛門が小野元成（後に小林軍太夫と改名）に討たれ、その身重の妻は仇《かたき》を追ってこの関宿の山田屋へ投宿する。そこで女児を出産するが、命を落とす。憐れんだ宿の夫婦がその女児を育て、15歳になった折、実母からの遺言を聞かせ、剣術道場のある亀山に通わせる。そして、ついに女は同じく亀山藩に変名で仕えていた仇を見事討ち取ったというのだ。

この女性は関宿あたりで評判の美人で多くの男たちから袖をひかれるので、道を通る時に身を隠したという松の木まで残っている。

この女性も関の小万といわれるが、数奇な運命を抱え生まれ落ちた関宿の美女が亀山にしげく通う姿に、周囲の人々が誰いうことなく関の小万と仇名したのがおそらく真相に近かろう。

嬌名を馳せた遊女の恋慕としての色と、仇を持つ女が秘した気配としての色――「関の小万は亀山通い　色をふくむや冬ごもり」。歌詞は一つの色にすぎないが、歴史は二つにも三つにも色をミステリアスに重ねていく。

35

煙にまかれて

落語には煙草《たばこ》を飲む場面が数多く出てくる。扇子を煙管《きせる》にし、煙草入れに見立てた手拭いから葉を詰め、目には見えない煙草盆や火鉢で火をつけ、一、二服すって、仰向けにした左掌の上をポンポンと叩いて灰を落とす。そしてもう一度、扇子の端を口に戻してプッと吹くのは、煙管の中に煙が残るとヤニがたまる原因になるから吹き出すためだという。最近のお笑いブームに乗じてか、大学卒の噺家《はなしか》の急増している落語界だが、嫌煙の風潮が多い昨今、これらの仕草は技芸としてのみ伝わり、煙の味すら未体験の人々により受け継がれていくことになる。

一方、歌舞伎では弁天小僧や切られ与三《よさ》は、否応なく舞台の上で本物の煙を吐き出す。銚子に入った酒はカラで飲んで酔った芸を見せるのに対して、世話物での煙草のシーンでは目に見える紫煙《しえん》のくゆるリアルな姿までを芸にする不思議な現象が当然になっている。

煙草は南アメリカ原産の植物で、16世紀初めにスペインに伝わり、日本には安土桃山時代に輸入されたという。煙草という文字は、カボチャを南瓜と書いたと同じく、海外から渡来した音はそのままにして、意味を日本流に漢字に直したもので、他にも烟草、莨とも書いた。「烟」には立ち込める意味があり「莨」は中国では毒草の意に用いられたようで、人の気を荒く狂わせる植物とした。音にあてた文字としては、淡婆姑・淡菰姑・多葉粉があり、丹波粉などは日本で初めて栽培されたのが丹波国だからという起源説までつく。さらに延命草・相思草・長命草・返魂草・糸煙などの文字の選択には、現代のようにタバコが百害あって一利なしと断ぜられる以前の好尚《こうしょう》が窺える。

一方で日本風の言い換えとして「おもいぐさ」「わすれぐさ」といった詩的な言葉もあった。長唄の『初しぐれ』には「鴛鴦《おし》の衾《ふすま》に思い草」また常磐津『三保の松』には「旅寝の憂さを忘れ草」と述べられている。

このように茶や酒と同様に、永年嗜好物とされてきた煙草は現代においては敗色一方だ。私も生まれてこのかた煙草は一度も吸ったことはないので、その味も快感も効能も知らない。ただ近々に消去されていく可能性のある煙草が、近世の歌舞伎や日本舞踊、落語などの仕草という実感を伴う芸に伝承され、文芸としても詩的に消化されながらも、遺物となっていく事になぜか一抹《いちまつ》の寂しさを感じる。まさに煙のごとく、あるかなきかの文化の遺産に列せられる、今はちょうどその狭間《はざま》であろうか。

36

テレスコとステレンキョウ

『てれすこ』という落語がある。漁師の網にかかった魚の名を、百両の褒美をつけてお上《かみ》が探し求めるとテレスコだと教える者があった。が、不審に思ったお上がそれを干物にすると、今度はステレンキョウだと答えるので、同じ魚で違う名を告げる男を打ち首にしようとする。が、妻子との別れに際し、男はイカの干物をスルメといってはいけないと遺言するので、すべてを察した奉行は罪を赦《ゆる》すという内容の話である。

テレスコやステレンキョウという名の魚は実際には存在しない。が、イカを干すとスルメや、さらには縁起を担いでアタリメと言い換えるように、卵や幼魚、成長などの状態に従って名前の変わる魚は多い。有名なところでブリは、稚魚の頃のモジャコからワカシ↓イナダ↓ワラサ↓ブリと成長に伴って名を変えるから出世魚と呼ばれる。しかし、これは関東での言い方で、関西ではモジャコ↓ワカナ↓ツバス↓ハマチ↓メジロ↓ブリと呼ばれ、さらに他の土地では異なる呼び方がまだまだある。

土地によって呼び名が異なるということでは「難波の葦《あし》は伊勢の浜荻《はまおぎ》」がよく喩えにも出されるが、このアシも悪しに通じるのを忌んで、ヨシ（良し・善し）に変換されて『山姥』の枕詞「あしびきの」は「よしあしびきの」と言われるのが通例になっている。

人名にも俳号や雅号、愛称、通称、筆名、芸名などをたくさん持つ人がいる。清元『北州』の作詞でお馴染みの大田南畝《なんぽ》は、この名自体が号で別号は蜀山人《しょくさんじん》、狂歌名を四方赤《よものあか》良《ら》、通称を直次郎、のちに七左衛門。他にも玉川漁翁、巴川亭、風林山人、寝惚《ねぼけ》先生……この人を上回って、出世魚さながらに最も多く名を変えたといわれるのが葛飾北斎で、絵師としてのデビューは勝川春朗《かつかわしゅんろう》、勝川派を離れてから北斎宗理《そうり》の号を用い、他に可侯・辰政・戴斗・為一……果ては画狂老人《がきょうろうじん》や卍《まんじ》までを用い、知れる所で30を数えるほどであった。

欧米人に比して、日本人の名前に関する考え方は「名は体を表す」というように、身に応じた器を変化させることによって、本人自身の転位を名に託す思想が顕著だ。言い換えるならば、いつも変わらぬ「個人」といった西欧風のパーソナルな考えより、「自分」というように自ら分かれ変容を遂げるのを人間と観たのであろう。

そして、もう一つ秘された禁忌としての諱《いみな》名の思想もあるだろう。本名が魂そのものと信じられていた時代には、他人にそれを絶対に知らせることはなかった。幾枚も衣を替えることによって本質を秘す。名には核としての不変と、衣としての変容があったのである。

37

任侠《にんきょう》の二文字について

高倉健と菅原文太が相次ぐように逝った2014年のジャーナリズムは「男の中の男」「仁義《じんぎ》」「任侠」の文字をよく目にしたものだ。

男の美学として、寡黙《かもく》であることも指摘された。『論語』で有名な「巧言令色《こうげんれいしょく》、鮮《すく》ないかな仁《じん》」は学生時代に刷り込まれた価値観でもあるが、世の中は多言に多言を重ねなければ信用を獲得できにくい時代にしてもいた。

二人の逝去に伴い、躍り出た残り二つの文字――「仁義」と「任侠」――「仁」は人々への愛情であり、「義」は世の中での筋道や道理であることは衆知のこと。博徒《ばくと》が人との出会い頭や玄関先で腰をかがめ、掌を差し出して挨拶するのは「仁義をきる」。これは腰に差した刀を背に回し、掌を仰向けにして、相手に対し武器を持っておらず、害意がないことを示す所作だから、丁度アメリカ人が凶器を持たない右手と右手を握って互いに敵意のなさを確認する握手と似ている。

任侠の「任」は重い荷や負担を担ぐ、載せる意だから責任、任務などに使われ、それを他人に任せれば委任、任命となる。これを任されずとも敢えて自ら課するのが任侠である。「侠」の文字は、人の姿でもある「大」の脇に手を差し挟むことより作られた。その任侠は中国の戦国時代に起こった風で、墨子《ぼくし》的考えを持った人々が体制に流れず、人としての兼愛的行動をとったことから始まったので墨侠と呼ばれた。その背景には都市に人口が流れることで、共同体的秩序が乱れ、一つではないそれぞれの価値観、私的交わりを持って縄張りを張ることがあった。これらの人々は、自分たちの民族、集団、仲間を守るため、外部の圧力に対し任侠の徒《ともがら》になったわけだ。

同じような言葉に「盗」がある。「皿」は血盟的意味を持っていて、そこに血を注いで飲んだ。『三人吉三《さんにんきちさ》』で、義兄弟の契りを交わす三人の吉三が互いの血を皿に注いで飲みあうシーンでもお馴染みだ。この血盟に「次」の「冫《にすい》」で表わす水を注げば盗むという文字になる。血の神聖を水で薄める、汚すのである。だから「水をかける」という言葉もここから起きた。が、「盗」はちゃちな物盗りではなく、国盗りというスケールを持つ語だった。任侠はそれまでの価値観を覆《くつがえ》し、新しい自分達の縄張り、すなわち国を築くのだ。その覚悟が一生修正のきかない刺青《いれずみ》や、アウトローのまま国道を突っ走るトラックの電飾の標榜《ひょうぼう》に表れている。

38

神は咲《わら》い、人も笑う

桜の開花への一喜一憂は今に始まったことではなく、日本では歴史的民族的伝統的心象といえる。

「花発《ひら》けば風雨多し人生別離足る（于武陵《うぶりょう》『酒を勧む』）」。これを井伏鱒二は「ハナニアラシノタトヘモアルゾ、サヨナラダケガ人生ダ」と訳したのは有名です。

ところで「花がひらく」という言い方は中国でもっぱら使われるもので、日本でいう「花が咲く」はあちらでは用いない。なぜなら「咲」は「笑」の意味だったからだ。例えば――「未だ語らぬにまず咲《わら》う（李商隠《りしょういん》『雑纂』）」などと唐の時代に使われているし、日本でも『古事記』の岩戸開きで「八百万の神、ともに咲《わら》ひき」と表記されているほどだから「咲」が「笑」と同義だったことがわかる。

その理由は「笑」がもとは、巫女が手をあげて舞い笑う形からきたものだとされているからだ。後に「笑」うの上の部分が取れた「夭」になり、元の意味を失って、さらに口偏がついて「咲」なったと白川静《しらかわしずか》は説明しています。また日本で花が開くことを「咲く」というのは口がほころぶさまを花にたとえたからと推測されるのだ。ですから女優の武井咲の名前を「えみ」と読むのは古代からのいわれがあるということになるわけ（笑）。

さて俳句の春の季語に「山笑う」というのがあるが、これは北宋の『臥遊録《がゆうろく》』にある次の文句がもとのようだ。「春山淡冶《たんや》にして笑うがごとく……」なるほど山の木々が芽吹き花を咲かせたさまがうまく形容されている。ついでに、「夏山蒼翠《そうすい》にして滴《したた》るが如く」これが夏の季語「山滴る」になった。山の青葉から水滴がこぼれ落ちる？　いや、青そのものがしたたるといった方が語感としては鮮やかですね。さらに、「秋山明浄に装うが如く」秋の季語「山装う」は山が色づくイメージだろうか。そして、「冬山惨淡として眠るが如し」冬の季語は「山眠る」と中国の詩から俳句の季語に移行させたあたり、なかなかしゃれたセンスと言えますね。

こんな言葉の感覚に触れると思わず口もとがほころんでしまいそうです。そんな時は「笑う」もいいけれど武井咲さながらに「咲う」と書くのもなんともおシャレではないだろうか。

39

相撲と出雲

相撲の元祖ともされる当麻蹴速《たいまのけはや》と野見宿禰《のみのすくね》の立ち合いでは、両者共に向かい合って立ち、互いに蹴り合い、最後は野見が当麻の肋骨と腰骨を踏み折って勝負は決したという。この記述通りだとすれば、現在の相撲のイメージとはおよそかけ離れた試合のしかたといえよう。

この話は腰折田《こしおれだ》という地名の縁起として伝えられ、また後年、相撲の功により天皇に仕えた野見宿禰がそれまでの殉死生き埋めを廃して埴輪《はにわ》を埋葬する案を進言して土師臣《はじ》の姓を賜ったことへと発展していく。

これらの縁起に相撲が関わっていく背景に関して、折口信夫《おりくちしのぶ》は「遠所の神来つて其地のいかいかいかでもん・すぴりつとを圧伏し、土地を譲ることを誓はせる」ものだったのではないかと述べている。この説から考えれば、野見宿禰は出雲からわざわざ呼び寄せられた者で、それが奈良の当麻をうち負かしたことになる。この話が実際の事件であると考えるより、政治的侵略あるいは、時の政府に従わぬ部族を抑え込むにあたって、他所の部族をもって鎮《しず》めさせたという記憶ではなかったろうか？　ちょうど土蜘蛛や酒呑童子と名付けられ差別された先住民たちを、源頼光たちによって征討の名目で屈伏させたように……。

それはともあれ、野見宿禰の出身が出雲とあると、当然の如く私たちは現在の島根県を思い出す。が、前述の考え方からいって大国主《おおくにぬし》を祀り出雲大社に封じ込めた隠《こも》り国の人をわざわざ朝廷は召し出すであろうか。というより出雲はもともと島根県あたりではなく、現在の奈良県初瀬あたりの地名だったらしい。伊勢神宮も現在の三重県の地へ遷宮される以前は、天橋立近くにある籠《この》神社にあって、今では元伊勢と呼ばれている。それと同じく出雲大社も『丹波國風土記』によれば「奈良朝のはじめに大國主命一柱のみ島根の杵築《きづき》の地に遷す」とあって、それ以前は奈良の出雲郷にあった。だからこの旧勢力である出雲の臣たち（野見宿禰）を使って、新しい造反分子（当麻蹶速）を制圧しようとした裏の歴史が暴力的な蹴り合い相撲の記事として残されたのではなかったか。双方ともに足で蹴り合う程度の野蛮な人々という侮蔑《ぶべつ》をこめて……。

だから『日本書紀』では、出雲へ使いを出してその日のうちに相撲をすることができたのである。これは嘘でも誇張でもなく、出雲がすぐ近くにあったからに他ならない証拠でもあった。

40

『ブラック・スワン』から

映画『ブラック・スワン』――バレエ『白鳥の湖』ではオデットとオディールという、全く異なる役柄を一人の踊り手が演じ分けるのが通例になっている。この映画の主人公のバレリーナは、清純なオデットは完璧なまでに踊れるが、妖艶で奔放《ほんぽう》なオディールが表現しきれず、精神が崩壊していくプロセスをスリリングに描いていく傑作だ。

私にとって特に興味をもたせたのは、チャイコフスキーの音楽に関するメッセージの受け取り方で、かねがね『白鳥の湖』を見る度ごとに疑問に思っていたことを見事に氷解させてくれた点にある。すなわち、あの有名な旋律はほとんどのバレエで王子が悩むシーンに唐突に登場し、さらにその気晴らしに弓で白鳥を射ちに出かける一幕の最後、そして続く二幕冒頭、悪の化身ともいえるロッドバルドの陰湿な表現のバックに使われる。

勿論《もちろん》、その後、王子とオデットの愛のデュエットにもなるわけだが、それにしても曲想とこれらのシーンが持っているダンスの中味には違和感を感じるのだ。その度ごとにバレエ評論家を捕まえては、偉大なる振付と音楽の齟齬《そご》を問いただすのだが、皆一様に長い伝統の中で組み直され今ある形にほぼ定着したと、私の意見は素人論として一蹴《いっしゅう》されてきた。が、今回の映画ではこの音楽が、自分の変貌・変身や内面の崩壊への恐れと、一方でそれらへの強烈な渇望《かつぼう》のテーマとして使われていたのである。一見甘くせつないメロディーで、確かに愛のデュエットに合わなくもない。また王子の懊悩《おうのう》のBGMとしてそぐわないとはいえない。しかし、あのメロディー、特にBメロには絶望と狂おしいまでの変化への渇望が聞こえてくるのだ。映画ではこれを主人公の自己崩壊、狂気への奔走《ほんそう》ととらえていく。ただのロマンチックなBGMとしてではなく、まさに、映画一本を賭けてチャイコフスキーの音楽から渇望による狂気をかぎとり解釈を塗り替えているのだ。

日本舞踊にも解釈があまりに皮相的で綺麗事《きれいごと》に終始しているものが多い。あの『藤娘』の切ない乱舞や『鷺娘』の因果物としての側面、『浅妻船《あさづまぶね》』の月への希求etc……。

私たちは全く自分らを語らなくなった日本舞踊曲の一群を目の前にしてただ骨董《こっとう》の塊《かたまり》を味わい、なるべくそれが人生観に支障をきたさない距離で眺めることだけを強いて来た。が、それゆえ一般社会から乖離隔絶《かいりかくぜつ》したのだ。中身が変わらないで鑑賞教室やワークショップを開いたところで人々の人生観は揺るがない。しかし、名作の誉《ほまれ》れ高い舞踊曲には隠されたメッセージが内包されている。それが時代を超えられた力なのだ。

ことば蔵の小窓 ②

日本の天皇制が長く続いているのと、どこか似ている気質や風土が伝統芸能にはあるような気がしています。古い芸能を駆逐《くちく》、否定して新しいものが誕生したとしても、古いものもそのまま共存している。王様の首が切られ王宮が破壊される異国の文化と違っていますし、遺物として保存されているだけでもない。古典の舞台も新時代の舞台と肩を並べて今も呼吸し、実際に上演され続けているという不思議。日本の芸能事情はまさに多層に重なったミルフィーユを想像してしまうくらい、どの層もうまく食べることができる。

人間の大脳にある新皮質だけが正しいのではないことを、日本人は昔から知っていたような気がします。

時を感じることば

41

昼でも夜でも「おはようございます」

　以前、シンガーソングライターやアイドルたちとの舞台イベントに数多く出演させてもらった。その中で、グループアイドルの老舗《しにせ》（?）ともいえるモーニング娘。との公演は特に心に残った。ちなみに老舗と書いたのは、このグループの現役はすでに8〜11期で、現在でも人気のあるＡＫＢ48より歴史が長く、どこか伝統芸能の世襲《せしゅう》の形に見えなくもないからだ。

　この舞台で私は70分間にわたるぶっつけで舞踊や日本文化をその場で彼女らに教えていった。まったく日本の古典や伝統とは無縁と思える十代中心の彼女らが、例えば私が『百人一首』の上の句五七五を言えば、彼女らはたどたどしくとも下の句七七を答えられた。その他の問いに対しても銘々がいつしか真相に近い答えの一つに辿り着くさまには驚きすら感じた。その意味では昨今流行のバラエティーではあるものの、うまくナビゲートしさえすれば、やはり日本人としての感覚が目覚める事を確信させてくれたのだった。

ところで、モーニング娘。に質問した一つに「芸能界では、夜に会ってもおはようございますと挨拶するのは何故だと思うか？」がある。それに対し、口々に「その日、初めて会ったという意味で使います」の答えが返ってきた。一般的にはそれで正解といえよう。が、私はその名にモーニングと付くグループだけに、もう一つ別の角度から話を続けた。

「お昼ならこんにちは、夜ならこんばんはだけど、もしも楽屋で自分より目上の人や先生と会った時、こんにちは、こんばんはだけでいいか？」の問いにすかさず「何か丁寧な感じがしない」の答え……日常使い慣れた言葉であるはずなのに、そんな感覚を有している十代をとても頼もしく思った。では「こんにちは、こんばんは」を丁寧に言うには「こんにちはでございます」「こんばんはでございます」と口々に言った後、すぐに「だから、おはようございますがいいんだ！」。その即答ぶりは、単なるバラエティーの枠を超えて、埋もれていた文化や言葉の種が息を吹き返したようなときめきを覚えたほどだった。

同じ挨拶の三例でも「おはよう」だけには「ございます」が接続でき丁寧な表現に置き換えられる言葉とわかった。使い慣れて当たり前になっている言葉も時に洗い直せば、新しい顔を覗《のぞ》かせる処が文化の面白さといえよう。

42 あいさつ再考

日本人の挨拶で「おはよう」には「ございます」をつけることができるが、「こんにちは」「こんばんは」にはそれができない。そのためもあって、芸能界では夜初めて会った場合でも丁寧な言葉となる「おはようございます」を用いるようになったという。

それにしても、これらのあいさつは全てが尻切れトンボだ。お早いからどうした？　こんにちはどうなんだ？　こんばんは何か？　というコミュニケーションとしての目的が果たされていない。これを日本語の曖昧さに結びつけて考えたがるが、いささか早急な結論だろう。その証拠に、江戸時代後期に書かれた式亭三馬《しきていさんば》の『浮世風呂《うきよぶろ》』などを読むと「今日はおはようございます」という具合に、実質的な意味を伴う使い方になっていた例は枚挙にいとまがない。

これに対する相手の対応も「どうじゃな番頭どの。だいぶ寒くなったの」で、現代ならさしずめ「おはよう」に対しては「おはよう」、「こんにちは」に対しては「こんにちは」

といった同じ言葉を繰り返す定型になるが、以前はもっと動きのある挨拶の応酬《おうしゅう》があったことが、当時の本などで窺《うかが》い知ることができるのだ。

では、現代の私たちのような挨拶言葉の定型が生まれ普及したのはいつ頃からかというと、明治期の言文一致や標準語の制定と時期を同じくしているようである。簡単に書けば、明治43年（1910）文部省が設置した「作法教授実行取り調べ委員会」によって作法は整理され、その結果翌年の「師範学校・中学校作法教授要綱」として刊行されたあたりからだと言えよう。

ここではそれまで日本人が行ってきた小腰をかがめてのお辞儀は廃され、直立の姿勢のままで上半身だけを折り曲げる所作が推奨された。と同時に「朝の挨拶（おはようございます）をなさずして直ちに用事を云ふこと」は禁条とされた。その後、百点にも及ぶ礼法書の出版と相俟《あいま》って、日本人相互の挨拶言葉は、朝の「おはよう」から始まって、食事の「いただきます」「ごちそうさま」行き帰りの「行ってきます」「ただいま」や別れの「さようなら」から就寝の「おやすみなさい」に至るまで型が定着していった。

しかし、心を伴わない挨拶の所作を再検討するのと同じく、相手と同じ言葉を鸚鵡《おうむ》返しにする目的のない挨拶は、この辺りでもう一度、日本人一人々々が考え、感じながら使ってみる必要があるだろう。

43

トザイトーザイ

五行説でもちょうど春の方位にあたる東と、秋にあたる西が四方位の中では重んぜられて、「東西」だけで世間の広がりや人々の交流、果ては世界そのものまでの代名詞になることができた。

歌舞伎では、「トザイトーザイ」という東西声は口上《こうじょう》や大序《だいじょ》の先触《さきぶ》れとして華やかに発せられる。大相撲でも力士は南北ではなく、東と西に配される。これは日の出と入りの方角を意識した物言いであることは多くの方々がご存知のことだろう。

東の語源は「ひむかし」で、日に「向かふ」の語幹である「むか」が付き、さらに方向を示す「し」によって出来たとされている（「し」は「シナト」＝科戸。風の起こるところ。「ツムジ」＝旋風。のように風を表す語が方向を表す語にも使われた）。これに対する西は「往ぬ」の連用形が名詞となった「往に」に、方向を表す「し」を足して「往にし」さらに「往」が脱落して「にし」になったとされる。いずれにしても東と西の語源説は難解で、却って沖縄の「あがり＝東」「入り＝西」のほうが太陽との関係がすっきりとしてわかりやすい。

　それはともあれ、日の出入りを重んじた日本では、東西だけでも全世界を表現してしまうほどだから、四方位をいう順番も当然のように東西南北の順となる。北より南を先に言うのは、南が日の通り道と考えるからだろう。中国では四方位の順は東《トー》南《ナン》西《シャー》北《ペイ》という具合に、東を起点にした時計回りであるのが一般的だ。が、麻雀の卓では私たちが見慣れた方位図を裏返しにしたように、西の位置に東があって、そこから時計の反対回りに東南西北となる。これは麻雀の卓を天に見立て、その卓に伏せられた牌《はい》がちょうど、天空に向かって開かれたと考えるからだそうで、キトラ古墳の四霊獣図の青龍《せいりゅう》（東）朱雀《すざく》（南）白虎《びゃっこ》（西）玄武《げんぶ》（北）が、反対周りに配置されているのと同じだ。

　中国はともあれ、日本では東西対抗や東北地方、都の西北や西南戦争というように、東や西を南北より先に言うほうが慣習だ。が、近年では気象や航海の用語が欧米から導入されて、北東の風や南西航空、北北西に進路を取れ……等々、北や南を先に言うことも混用されるようになった。さらにもう一つニュースもＮＥＷＳであるから北東西南（North—East—West—South）という順で四方を表すという俗説が出回っている。が、これはあくまでもＮＥＷ＝新しい情報に複数形のＳが付いたものだ。フランス語では nouvelles ドイツ語では Neues で、ＮＥＷＳ＝南北東西が俗説であることが知れる。

44

時差ときぬぎぬ

以前、アメリカのニューヨーク州イサカにあるコーネル大学で、歌舞伎や日本舞踊のワークショップをさせてもらったことがある。

この大学は1860年代の創立というから、日本でいえば幕末から明治維新にかけてのこと。時差は日本と比べて13時間遅い。

その滞在中のある日、日本からもらったメールの日時を見て、13時間分の未来の日時が記されていたので不思議な気分になった。何しろ13時間先の未来と交信しているのだから……アインシュタインはこんなことを当たり前のように考えていたのか……その時差の関係で眠る時間を調節し、現地時間の朝7時に起きる。と、日本の家族からは既に同日の夜8時であると当然のごとく知らされた。13時間分の遅れ……ふと取り残された錯覚《さっかく》のせいか、「後朝《きぬぎぬ》」の別れの淋しさを連想した。

滝夜叉姫《たきやしゃひめ》は大宅太郎光圀の不審を逸らすために、泣いていたのは自分ではなく「後朝告《きぬぎぬ》ぐる朝雀」のせいにした。夜、お互いの着物を重ね合わせて共寝した男女が、朝になればそれぞれの衣と衣を着て別れる（あるいは互いの衣の袖と袖が分かれる）。安倍保名《あべのやすな》が恋人の小袖を抱いて狂乱するように、また海女松風が在原行平の狩衣を身にまとって懐かしむように、衣には魂が宿ると信じたからこそ、きぬときぬとが離れることに別れの辛さは仮託されたのであろう。

「しののめのほがらほがらとあけゆけばおのがきぬぎぬなるぞかなしき（詠み人知らず）」夜明けの明るさとは対照的に、それが「きぬぎぬ」になってしまう悲しさ……この後朝を知らせるのはスズメやカラスといった鳥ばかりでなく、寺の鐘もそうだったからさすがに鐘も無情であり無常であった。「後朝ならぬ山鐘のどんと佃の辻占《つじうら》に（『巽八景』）」せつない別れとは限らないのは遊女の後朝――いやな客との後朝は「鳥と鐘とは思ひの種とは思へども人により候（隆達小唄《りゅうたつこうた》）」のように、鳥や鐘が知らせてくれる朝の訪れは勤めの終わりだから、救いでもあったのだ。まさに相手によりけり。悲しい別れもあれば清々する思いの後朝もあったらしい。

アメリカにいて日本を思いしんみりする私もいれば、当の日本では案外陽気に騒ぐ家族がいて当然……これこそまさに時差、いや自差といったところか……。

45

なぜ「烏」が夜明けを告げるか？

映画『幕末太陽傳』の中で、石原裕次郎は高杉晋作を演じた。

〽三千世界の烏を殺し　ぬしと朝寝がしてみたい

勤皇の志士高杉が遊郭で自ら作ったといわれる唄。若き裕次郎が三味線で弾き語りする姿が、シンガーソングライターにだぶった。遊女は早朝に帰る客を見送りに出なければならない。夜に花咲かす彼女らにとって、夜明けを告げる烏はまさに天敵だったのだ。清元『三社祭』でも　〽にくや烏がなくわいな」というくらいだ。

ところが、私たちの感覚では、夜明けは鶏の「コケコッコー」の方が納得しやすい。『菅原伝授手習鑑《すがわらでんじゅてならいかがみ》』の二段目道明寺に至る前にも、この鶏鳴を「東天紅《とうてんこう》」と漢語風に聞きなしての場があるほどだ。

常磐津『将門《まさかど》』では、涙をごまかす滝夜叉姫が「泣いたというは　オ、それそれ　可愛い男に別れの鶏鐘　きぬぎぬ告ぐる　朝雀　雀が鳴いたということいなぁ」と、鶏に並んでスズメを朝のメッセンジャーとしている。それでも新内や落語に『明烏《あけがらす》』があるように、朝の健康より憎さや恨みに、烏は代用されている様子が見てとれるのだ。

おそらく遊女らの夜の世界を破壊する朝日、すなわち太陽の世界のシンボルとして烏は必然的に選ばれたと考えられる。それには月のクレーターを餅つく兎と見立てたのと同じく、太陽の黒点は三本足の烏とイメージされたこともある。葛の葉でお馴染みの『蘆屋道《あしやどう》満大内鑑《まんおおうちかがみ》』には陰陽師の秘伝書として「金烏玉兎集《きんうぎょくとしゅう》」が登場する。玉兎は月で、金の烏は太陽、日のことである。

遊女にとって太陽に住む三本足の烏がもう一つ縁深いのは、起請誓紙には熊野権現の烏が描かれているからだ。男女の誓いを破ったなら「熊野の烏が三羽死ぬ」の巷説。なぜ日の中の烏、熊野の烏が三本足なのかを詳述するスペースはここにはないが、夜の兎が餅をつく行為が男女の交情を比喩するように、朝の烏の鳴く声に別れの悲痛な涙を連想したのは自然の流れだったろう。

こう考えるとゴミ袋を食い荒らす利巧で獰猛な烏が、現在でも朝の天敵とみなされているのも、けっして偶然ではなさそうに思われる。

46

指きりと三つ指

清元『かさね』に「いれぼくろ〳〵起請誓紙は反故《ほご》にもなろが　五月六月《いつきむつき》はまんざら反故にもなりゃせまい」とある。世間とは隔絶された奥女中らが、密《ひそ》かに巷《ちまた》のはやり唄に興ずる姿を映した部分で唄われる。なんといってもお腹に宿った証しほど、どんな誓約よりも強いと、女性はここでしたたかさを身につけるのである。

それはともあれ、「指きり髪切り入れ黒字《ぼくろ》」は、遊女が男に真心を示す心中立ての三定番だった。この中でも筆頭に挙げられた小指を切り落とす「指きり」には、己《おの》が熱狂に殉じる女性の凄さを感じずにはいられない。

同じ「指きり」でも子供の世界に入れば、友だち同志の約束に転じる。小指をからませる形は、「指引き」の遊戯から来たものと思われるが、誓いを守る決意の固さを引き合い比べたものを、「指きりげんまん」と互いに上下に振り合う事によって平均的にならそうとしたのであろう。「げんまん」は拳で一万回殴ることだし、万に乗じた「針千本のます」

で漸層《ぜんそう》的に死へのステップが確実に上っているのがわかる。子供の契約は原初的なぶん、遊女やヤクザの世界と意外に身近だ。

実は丁寧なお辞儀の作法とされる「三つ指をつく」のも、相手へ対する無抵抗の表象であった。即ち、親指と小指が無い状態の手では、弓や刀といった相手を倒す武器が持てないからである。河童や鬼の指が三本で描かれる事が多いのも、おとしめ、反抗できないようにするために、特定の人々の親指と小指を切り落とした陰の歴史の寓話化だといえる。

舞踊では、指一本々々に怒り、むさぼり等々の意味があり、鬼はその中で知恵と慈悲に当たる二本が無いので三本指で表現するといわれる。だから『紅葉狩』の鬼女は三本指だが、『茨木《いばらき》』の鬼は、渡辺綱《わたなべのつな》の伯母に化け、切られた自分の腕を取り返しに行く知恵があるから四本指だという、もっともらしい理屈が入るのが歌舞伎らしい。御殿の腰元が二つに折った御殿用の座布団の折り曲げた方を自分側に、二枚重ねた縁《ふち》を外に向けるのも、中に武器を隠していない意であり、姫などの礼で、手の甲を相手側に向けずに掌《てのひら》が見えるように立てて並べて床につけるしぐさも同じ理由からだという。些細なことからも危険を察知しようとする権力者らの自己防衛の知恵。しぐさや手法《マニュアル》にただの美意識、思いやりだけでは片付けられない暗黒の淵がのぞいていることは意外に多い。

47

茗荷《みょうが》を忘れない

端午の節句に用いる菖蒲《しょうぶ》は香りが強く、それが邪気を祓《はら》うと言われた。三月三日の桃の甘い芳香も『古事記』では、黄泉の国から逃げ帰るイザナキが、追ってくる雷神たちに向かい、桃の実を投げて退散させている。

芳香が邪気を祓うという考えを神経の刺激による覚醒作用と受け取れば聞香《もんこう》やアロマの効用にまで話を広げることが可能であろう。

ところで、夏のそうめんの薬味として好まれる茗荷だけは芳香を持ちながらも食べれば物忘れするという芳《かんば》しくない説がある。もちろんこれには科学的根拠はなく、かえって香り成分が集中力を高めるとされるくらいだ。中国から伝わってきた生姜と茗荷はともに香りがあり、強い方が「兄《せ》の香《か》」で、やや甘めで弱い方を「妹《め》の香《か》」と呼んだことから、それぞれショウガ・ミョウガとなったと言われる。

その茗荷と、物忘れの関係については、釈迦の弟子周梨槃特《しゅりはんどく》の愚かさから生まれた伝説が思い出される。槃特は一句の偈《げ》も覚えることができず、さらに自分の名さえ忘れてしまうので、釈迦は名を書いた幟《のぼり》（あるいは札とも）を荷《にな》わせた。その槃特が亡くなって、墓の周りに生えた草は槃特草と名付けられたが、それが日本に伝わって茗荷になったのだという。

この話は明らかに「茗」の文字を「名」と受け取って「荷」と組み合わせてできた後世の作り話であろう。それは「旦那」という言葉が栴壇《せんだん》の木の下草として生えるナンエンソウとの共存関係があって「檀ナン」という言葉が生まれたという巷説と同様である。

それはともあれ『仏説阿弥陀経』における周梨槃特は、あまりの愚かさに自ら絶望するが、釈迦に一本の箒《ほうき》を与えられ「垢を流し塵《ちり》を除く」と唱えながら掃除をすることを命じられる。ある時、掃除をした跡を子供らが汚したのを見て、槃特は怒りに任せ箒を振り上げた。この時、彼は汚れが落ちないのは人の心も同じであると大悟《たいご》したという。

いま、日本の小学生は学校で放課後、掃除当番を行う。アメリカでは掃除に専門の業者を雇うが、アジアの学校では生徒に掃除をさせる国が多いと聞いた。おそらく周梨槃特の教訓が生きているのであろう。そして茗荷がもの忘れという物言いも、どんなに愚かでも大悟できるという槃特の故事を忘れさせないための逆説なのかもしれない。

48

「一流」はあっても「二流」はない

B級という言葉をよく聞く。特に優れてはいないが、それなりの価値があるものを指す言葉で、B級映画、B級グルメ、B級スポットなどなどに使われている。

ではこれに対しA級はあるのかといえば言葉としては使われない。いわばA級なる存在や価値を仮想してのB級は孤立した基準と言えるのだ。

これに似た言い方では「乙な人」「乙な味」という言い方がある。これは、甲乙丙丁《こうおつへいてい》……という、本来は順に一二三……的な意味を含む序列で、第二位の「乙」な価値は自立した言い方として存在するが、これに対し「甲な人」とか「丙な味」とは言わない。もちろんＡＢＣＤも、現在学校の成績表などの採点評価などに使われているし、甲乙も「甲乙つけがたい」という物言いや、徴兵のあった時代では、甲種・乙種といった振り分けもあった。酒では現在でも甲類・乙類という区別に使われてはいる。ただし、酒の場合は甲より乙が劣っているという意味ではなく、その誤解を惹起《じゃっき》しないためにあえて本格焼酎と明記したりもする。兄弟の「弟」も、この「乙」と同じ使われ方だ。

それは甲乙が順位に使われることもあれば、それぞれに持つ特徴を、特にスタンダード（標準）とされる甲に対し、乙は別の味わいや価値観を持つと表現したのだ。

B級はあってもA級はない。乙なものはあっても甲なものはない。新しい物言いばかりでなく、昔からの物言いでも日本語は一つひねった価値を積極的に発見、想像してきたといえる。

近年では、一流に対し二流、三流というが、これは前述とは事情が全く異なり、本来は「一流」しかなかった。これは、それ自体の、他では真似できない、孤高ともいえる価値や存在を示した語で、現代のように二流や三流を仮定しての順番の最高位になっているものではなかったのである。要するに下位のものへの差別意識の上に乗った言葉ではなく、自らほかと峻別《しゅんべつ》し孤立した存在価値に称されるものであった。「彼一流の」といった物言いは、ある意味でそれが体制に認められたことを意味するのではなく、どこかで「乙」や「B級」の評価をも呑み込んで、世間に堂々と屹立《きつりつ》する覚悟でもあったのだ。

一流にならんと、上位者に色目を使う最近の一流志向は、権力に点数をつけてもらうのを欲する軟弱一流に他ならない。二流三流という順位がないからこその「一流」――これこそが日本流なのである。

49

天平《てんぴょう》のものさし

令和元年5月、奈良興福寺の中金堂《ちゅうこんどう》が再建された。創建から1300年になるこの大寺は、過去7回の消失に遭い、中金堂も縮小の憂き目をやむなく負っていたが、天平時代の威容を取り戻す一大プロジェクトが組まれ、その大屋根を間近に見上げる栄に浴して、私は感動の涙を禁じえなかった。

その7年前の上棟式《じょうとうしき》では、記念の引き出物の一つに、天平期の一尺を示す特別製の物差しを頂戴した。そこに添えられた解説の一部を抜粋すれば、

「……大宝律令の制定（701年）時に大小尺が決められたことに始まる。この大尺は唐の大尺に当たり、長さは29・3〜8㎝前後（中略）大尺は後に、「天平尺」と呼ばれ、奈良時代初期に造営された平城宮跡第一次大極殿院や興福寺中金堂が一尺、29・54㎝、奈良時代末期から平安時代初期の唐招提寺《とうしょうだいじ》金堂は29・8㎝、室生寺《むろうじ》五重塔が29・7㎝という具合に、時代によって変遷し、現在の曲尺《かねじゃく》の一尺＝30・3㎝は明治期に制定された。」さらに、布

地を測るのに使う鯨尺《くじらじゃく》は、一尺が曲尺よりおよそ二寸長いので、こんな小咄《こばなし》がある。

「奈良の大仏と鯨とはどっちが大きい？」「そりゃあ、鯨の方が大きいだろう」「なんで？」「曲《かね》より鯨の方が二寸長い」これは大仏さんが銅で出来ていることも掛けているオチです。

『アルプス一万尺』という愛唱歌は、日本アルプスの連峰を歌ったもので、一尺＝30・3㎝×1万＝3030メートル級の山々が連なった偉容《いよう》を歌っている。私たちの馴染みの処では、扇子の長さが一尺か九寸五分。能の仕舞扇などは一尺一寸のものを使っていますネ。

ところで、この「尺」のもともとは、親指と人さし指を伸ばした間隔とも、親指と中指との間隔ともいわれる。文字の上にある平たい口の部分が手首、下のひげが二本の指だという。でも、この親指と人差し指を広げる寸法も人によってまちまちで、約18㎝前後。尺取り虫の名前は、尺を測るこの二本の指の連続した動きと似ているからでした。その18㎝以降、どんどん一尺の間隔が長くなったのは、為政者たちが、田畑から徴収する高を増やすために、尺をジリジリと長くしていったことが原因のようで、尺に障《さわ》る話!? いや、このシャクは癪でしたネ。とにかく、物差しは時代によって変わったわけで、ものの見方、考え方もけっして一本の物差しだけではかりがたしというお話でした。

50

日の本から日の下まで駆《か》けた男

中国の地理書『山海経《せんがいきょう》』の中に、太陽と駆けっこをした夸父《かほ》という巨人の話が出てくる。結果は太陽のスピードと互角だったが、虞淵《ぐえん》という日の沈む地で力尽き死んだ。

1964年の東京オリンピックの頃は、おそらく日本全体が夸父のように日輪ならぬ五輪の夢を実現させるために、死に物狂いになっていたのだろう。まだ幼かった筆者には、我が家にカラーテレビが購入されたことや、夢の超特急と言われた新幹線への憧れ、そして開会式などの興奮が鮮烈に胸に刻《きざ》まれた。その開会式の10月10日は後に体育の日となり、祝日になった。聞くところによれば統計上、雨の確率の低かったことがこの日が選ばれた理由だったという。

しかし、現在では体育の日は10月第二月曜日に変更され、毎年必ず第二日曜と月曜は連休となった。それからは、いわばこの連休作成の都合で、東京オリンピック開催の記念日＝記憶は毎年揺れ動くことになっている。

それとは若干事情は異なるが、11月23日の勤労感謝の日がもとは新嘗祭《にいなめさい》であったのを知る人は少なくなった。天皇がその年の新穀を神に供え、自らも食す宮中の行事だが、これは昭和23年7月に、元日、成人の日、春分の日、天皇誕生日、憲法記念日、こどもの日、秋分の日、文化の日とともに勤労感謝の日として新たな国民の祝日となった。ついでに書けば、体育の日の制定は昭和41年6月のこと。さらにさまざまな祝日が加わったり、名称変更にもなり、祝日は増えた。

文化というものは所詮《しょせん》もとの意味を失い、変質しながらも伝承されてゆく性質がある。言い換えるなら、原義がわからなくなってからが文化としての正念場かもしれない。

それにしても日本という国がいつ誕生したかも知らない国民に建国記念の日があったり、五節句の中で唯一祝日となった端午がこどもの日、しかも男児のものといわれる不可思議。そんなこんなを抱えつつも、祝日は年間16日で、土曜と日曜がそれぞれ約52日ずつと計算すれば合わせて120日。一年のうちおよそ3分の1は休日となっている現代日本。

癒《いや》しだ、ゆるキャラだばかりで、太陽と駆けっこしなくなった軟弱日本人に、夸父のように日が沈む果てまで走り抜くことができるのだろうか。

51

名物のイマむかし

落語によく出てくる江戸の名物――武士・鰹《かつお》・大名小路・生鰯《なまいわし》・茶店・紫・火消し・錦《にし》絵《き》――ついでに言うなら……火事・喧嘩・伊勢屋・稲荷に犬の糞。

前半の五七五七七は江戸っ子側から言う自慢のセールス文句であろうが、後半の五七五はどちらかと言えばだいぶ腐《くさ》しにかかっているから、江戸っ子自体が言ったものではなさそうだ。

士農工商のトップに祀り上げられている武士の大半は肩で風を切り、道を闊歩《かっぽ》するので、道幅の7割を武士、残りの3割を農工商が遠慮しながら歩いたと、見てきたように伝えられている。大名小路は現在の丸の内オフィス街辺りの道。各藩大名の屋敷が並んでいたからその名がある。食べ物では鰹に鰯。鰹は鮮度が生命で、すぐに腐るので、それを売る男の売り声も勢い荒くなる。値切られる交渉の時間も惜しく、まるで怒ったような口調で客に応対するので、その態度は中《ちゅう》っ腹《ぱら》と評されたくらい。鰯は大きい方から大羽、ニタリ・中羽・小中羽・小羽・タックリ（ヒラゴ）だが、常磐や房総あたりではマイワシと呼んでいて豊凶の周期が70〜100年。まさに千葉の人々にとって鰯漁は神のみぞ知るはからいといえる。

紫という色は武蔵野に生えるムラサキ草が原材料で、しかも他の色は京鴨川の水で晒し、友禅の繊細な色に仕上げるが、紫だけは江戸玉川上水で晒さなければ出ないという。紫がゆかりの色というのは『古今和歌集』にある「紫のひともとゆえにむさしのの草はみながらあはれとぞ見る」を原拠と考えるのが一般的だが、これには多くの解説を要するわりにはあまり明確な答えが出ないので、後稿に譲ることにする。

悪口めいた五七五には伊勢屋が入っている。これは三重県出身の商人が大神宮の威光を借りた命名で、もとは江戸には少なかった甘い和菓子を売る店だったらしい。それが大繁盛して猫も杓子《しゃくし》も伊勢屋の名にあやかろうとした。ちょうど現代でもＡＫＢ48にならってアルファベットと数字を組み合わせたグループ名が流行するのと、江戸人の伊勢への憧憬とはあまり変わりがなさそうだ。

そこで村版・いま日本の名物――ＰＣ・スマホ・旅行グルメにアイドル・アニメ・コスメ・コンビニ・YouTube。ついでに――原発・地震・フェイクニュースに政治の嘘。

52 名物関西編

前項で江戸の名物を掲《かか》げたが、関の東ばかりでは片手落ちのそしりはまぬがれないだろう。そこで関西編――まずは京都の名物。「水・壬生菜《みぶな》・女・染物・針・扇・お寺・豆腐に人形・焼き物」となる。

筆頭の水とは鴨川の水だが、初代坂田藤十郎《とうじゅうろう》も京から大阪の舞台へ出る時には、この鴨川の水を樽詰《たるづめ》で送らせたと、その芸談『賢外集』にある。これはよその土地の水にあたって体調を崩さないための心得でもあるが、やはり都びとは京の水の良さを誇りにしていたのだろう。二番目にある女とは俗に言う東男《あずまおとこ》に対する京女。針にはみすや針というブランドがある。豆腐は『京の四季』にも「二本差しても柔こう祇園豆腐の二軒茶屋」とあるくらい、その硬軟のほどの良さは色街の人間観にも通じている。

この十傑には異論もあって、二代目市川団十郎は日記『老の楽しみ』の中で最後の二つに黒木と松茸を加え、さらに大田南畝《なんぽ》（蜀山人《しょくさんじん》）は鰻《うなぎ》に鱧《はも》、松茸を選んでいる。私ならさしずめ「床の涼みに師走顔見せ」あたりを選びたいところ。

奈良の名物にもいろいろある。「大仏に鹿の巻筆・奈良晒し・奈良茶・奈良漬・町の早起き」鹿の巻筆は春日大社で祝詞や願文を書くのに用いた神鹿の毛の筆。芯に鹿の毛、外側を五色に染め分け巻いて作った。後に嫁入りに持参する硯箱《すずりばこ》には鹿の巻筆を一対入れる習慣ができたほど。また。鹿野武左衛門《しかのぶざえもん》が自分の名に因んで『鹿の巻筆』という笑話集を書いている。舞踊の芸談の例としては、振付をもらいに行った弟子が奈良晒を水にさらす振りを奈良の鹿が歩いている姿と勘違いして師匠に叱られたという話が伝わっている。

最後の町の早起きにも、この鹿が関係してくる。この土地では鹿が神の使わしめであるので、町じゅうで鹿が餌などあさっても咎《とが》めることはしない。また、人が鹿を殺生した場合には死罪になるくらいだった。それゆえ、万一、自分の家の前に何らかの理由で鹿が死んでいようなものなら、罰を恐れて、その屍《しかばね》を他の家の前へ移したという……だから皆々早起きになったとか。人騒がせな鹿たちである。

最後に大阪の名物は「船と橋・お城・惣嫁に酒・蕪・石屋・揚屋に問屋・植木屋」というが、京や奈良ほどはイメージが湧いてこないのが残念。橋とあるのは、江戸の八百八町に対して、大阪には八百八の橋があるといわれたからだ。本当に数えたかどうか定かではないが、現代ならさしずめ「食い道楽」や「漫才」が挙がるだろう。

53

関西・上方《かみがた》・近畿の曖昧《あいまい》さ

歌舞伎や日本舞踊の江戸前と上方風の相違を考えると、まず困るのは、東と西はどこを境にして区別するかである。たいがいは名古屋あたりを分岐点にするのが通例だが、その名古屋はこの二分法ではどちらに入るのか。

ところで、関東と関西という言い方があるが、江戸時代まではまさに関の東と西の意味で使われており、その境とは鈴鹿《すずか》の関（現在の三重県関町）と不破《ふわ》の関（岐阜県関ケ原町）であったという。が、これら関所自体がなくなった明治以降には、関西は西日本、近畿地方、京阪神という言い方が併用され、時と場に応じてニュアンスが使い分けられている。

舞踊の方では、京大阪に育った、主に地歌（唄）を地の演奏とした舞踊が、東京の国立劇場やNHKなどで上演されるにあたって、敏腕プロデューサーによって「座敷舞」「上方舞」という名称を冠して、東京を中心にした舞踊と一線を画し、差別化することで一大ブームとなった。

この言葉が舞踊愛好家に植え付けた印象は、京大阪ではもっぱら舞と呼ばれる静謐《せいひつ》な舞踊ばかりが多く行われているという思い込みがあったが、実際の稽古では、東京でいう歌舞伎舞踊も稽古され、地歌や上方唄ばかりでなく長唄、常磐津《ときわづ》、清元でも演じられることが普通に行われるのが現実だ。ましてや自分たちの演じるものを舞とは言わずに踊りと言っている人々が存外に多いのは、都をどり、鴨川をどり、北野をどりという恒例の催しにつけられた呼称からも容易に推察できるだろう。

また、舞踊に限った事ではないが、上方という言い方は、本来は都のある方向や土地をさして言うので、古くは京大阪をいい、大阪からは京都を限定していた。東京に皇居が移った現在、旅行や新幹線などでは、上りは東京へ向かい、下りは関西地方へ向かうことを言うが、それでも東京を上方とはけっして言わないのは面白い。

上り下りとは動的な行動だが、上方は特定な地域の名称として固定化していったのだろう。その意味では、朝廷を意味する畿内の意味を含んだ「近畿」という語も歴史の名残をとどめた言葉だが、これもどこまでが畿に近いと考えたのか？

三重県や岡山県が近畿に含まれるか否かは、実は時代によっても法令によっても変わってくる。この辺りの曖昧さがかえって各地の人々の微妙な人心をうまく飲み込む対応なのかもしれない。

54

豆腐の俗説

最近読んだ『方言漢字』(笹原宏之 著)は、地域によって漢字の書き方や読み方に違いがあることを数多く紹介してあり興味深い。

その中で「豆富」という書き方について述べられているのがたまたま目に付いたので引用すると――「腐の字を避け、松江や東京で行われた表記が現在、全国的に広まっている」とあった。私は「豆腐」でない「豆富」という書き方が、商品のCM的戦略による書き換えくらいにしか思っていなかったので、「全国的に広まっている」という記述に驚きもした。

ところで、豆腐と納豆が本来それぞれ逆のものを指す言葉であったという語源説がネットを通じて、若者の間に広まった時期がある。大要は中国から船で渡ってきた二つが、嵐によってその名札が取り違って日本に上陸したので、現在の納豆の名が実は豆腐のことだったという珍説だ。

もしもこの名称逆転説が正しいとすれば、本家の中国では豆腐が納豆で、納豆が豆腐でなければならないが、そんな事実はない。腐の文字は「腐《くさ》る」という意味ではなく、ブヨブヨドロドロした状態を指す語だ。それで日本では「腐る」意を端的に示す文字になった。

それはともあれ、豆腐そのものの日本伝来は八世紀半ば、鑑真《がんじん》が伝えたとも言われる。中国では「漢の淮《ユイ》南王劉安より始まる」が一般的だが、漢より五代後の宋の時代だとも三世紀の初めともさまざまな説がある。いずれにしても現在の豆腐よりは硬く、独特の匂いを発する保存食で、絹ごしや木綿豆腐として普及したのは、日本の十七世紀江戸時代だった。

当初の豆腐には江戸では紅葉の印をつけた（京阪では菱形）。これは堺の桜鯛の味に劣らずうまいという心意気で、桜に対する紅葉を印にしたとも、また客が「買うよう」にと「紅葉《こうよう》」のシャレとも言われる。

このあたりの言葉に対するセンスは、豆腐を「豆富」として縁起を担《かつ》ぐ現代人に脈々と受け継がれているといえそう。他愛ないといえばそれまでだが、日本人の言葉そのものに対する畏敬の念がシャレとなって庶民レベルに広まったと考えた方が、物堅い頭を豆腐のような柔軟な思考にするにはふさわしいだろう。

「二本さしても柔らこう　祇園豆腐の二軒茶屋……（『京の四季』）」

55

偽装表示と家名

2013年、ホテルグループやデパートなどの食品における偽装表示が連日マスコミをにぎわしたことがあった。そのせいもあって、今でも表示にはうるさいチェックが入っているが、その当時、芝エビとバナメイエビの違いとやらは何度もテレビで放送するので随分詳しくなったことがある。

が、一様にコメンテーターの言い分では、料理してしまえば味に大差はなく、わからないとのこと。まるで美人もそうでない者も、死んでしまえば骸骨《がいこつ》の喩えのようで、偽装行為自体は憎んでも、一方で産地表示に依存する私たちの性向にも省みる必要がありそうだ。

人間の名乗りでも、フーテンの寅の「わたくし、生まれも育ちも葛飾《かつしか》柴又です」と、まず出身地、いわば産地を名前より先に言う慣習が日本では一般的なようだ。これは家名というものが、その家屋敷のある通りの名前や地名、施設の中から捉《とら》える事が多かった歴史が影響したものだろう。

デパートでいえば三越も、家名の三井氏と越後を合わせたネーミングだから、やはりその出身地がその名には刻まれている。高島屋も創業初代の飯田新七の養父・儀兵衛の出身地が近江国高島郡であったことに由来する。やはり地霊へ対する畏敬が根本にはあるからだ。古いところでは、歌道の冷泉《れいぜい》家も藤原為家《ためいえ》の子・為相《ためすけ》が冷泉小路に屋敷を持っていたことからこの名になった。その兄弟の家の名である二条や京極もそれぞれ二条大路や京極大路にちなんだものだ。

落語家の桂文楽が黒門町の師匠、林家正蔵（彦六）は稲荷町の師匠と呼ばれたのもさかのぼれば文化や有職故実《ゆうそくこじつ》の宗匠や家名が土地の名からとられたことと繋《つな》がるだろう。

庶民の側では、室町時代から、名字と通名の二本立てが好まれて使われた。通名というのは「○兵衛」「○衛門」といったもので、商家では、この通名に屋号を乗せて「○屋○兵衛」を代々主人の名として継承するようになった。

現在のように、日本人の誰もが姓名を名乗るようになったのは1875年2月13日の平民苗字必称義務令と1898年の明治民法による。この時、人々はどんな思いで名乗りを挙げたか。身にまとう名は体であり、呪《しゅ》でもある。が、名を装いと考えるとつい偽装をしたい心持ちになるから要注意だ。

表示を偽《いつわ》るなかれ、こだわるなかれ。まずは、品を見よ、人を見よですね。

歳徳神《としとくじん》を門松で迎え、鏡餅などでおもてなしをする。お屠蘇《とそ》の大中小三つ組の盃には、日に従って異なる薬草酒を注ぎ、おせちを戴く。そんな習慣も徐々に簡略化され風化していくのだろうか……。

56 トイレの神様

神様がいたる処にいた記憶のかけらで「トイレの神様」という曲が2010年、植村花菜の歌でヒットした。おばあちゃんの記憶を古めいた俗信の中から甦《よみがえ》らせた曲で、同じ神様でもアマテラスなどの名ある神でなく、しかも不浄の場にいる神を扱った処に一般大衆の親しみと懐かしさがあった。私も幼い頃からトイレには神様がいると教えられていて、寝小便をしないためにお願いをするのもこの神に対してだったが、それが歌の内容のように美しい女神だとは聞かされた記憶はない。

我が家ではトイレとは言わず「お手洗い」と言わされた。それは「便所」では汚く、「厠《かわや》」では古めかしく、まだ水洗設備のない時代に「トイレ」というモダンな音では不似合いだったからだろう。

川の上に架した建物という意味で「かわや」——厠という文字の中にある則は、側や隠側といって人目につかぬ建物という意味があって用いられたと考えられる。

この厠と神は古代から関係が深く、「古事記」に登場するオオモノヌシ神は美人のセヤダタラヒメを妻にしようと厠の下から丹塗り矢となって襲うし、また小碓命《オウスノミコト》（ヤマトタケル）は兄が厠へ入った所を急襲する。また尿糞から生まれた神が多いのも、これらを穀物の施肥《せひ》としたことからの影響ではなかったろうか。

厠には様々な別称があるが、我が家が用いたお手洗いは手水《ちょうず》や手水場の訓読み。高架《こうか》は川に竹や板などで足場を架けたことから。雪隠《せっちん》は西浄＝セイチンが転訛したとも、またとは雪をイメージする北の方角に作られたからとも、さらには明禅（雪とう）禅師が霊隠寺で浄頭を勤め隠棲したからとも言われるが、決め手になる説はない。意外と土に穴を掘っては埋めた大昔の習俗を禅家風に雪隠しと洒落たのかもしれない。

それはともあれ、福島・群馬・埼玉・長野などでは「雪隠詣り」といって生後三日または七日の祝い日に、赤子を連れて便所の神様に詣ったり、さらには近所三軒の便所に参る習俗が遺っている。それゆえ、トイレと名が変わってもまだまだ神はその場におわしますのである。

57

「子」の豊穣《ほうじょう》

鎌倉時代の説話集『宇治拾遺物語《うじしゅういものがたり》』に、才智の誉れ高い小野篁《おののたかむら》に対し、嵯峨天皇がナゾナゾを出したことが書かれている。「子子子子子子。子子子子子子」これを何と読むか、という問いで、篁は即座に「ネコの子　子ネコ。シシの子　子ジシ」と答えた。日本語の中の漢字に幾通りも読み方があるからこそ成り立つ言葉遊びである。「子」は「コ・シ」と共に、十二支にある「ネ」という音を含む。

「子丑寅卯……」の十二支は、木星が天を12年で一周することから、中国で天を十二等分して、その年の木星の位置の呼称として使われた。これを一般にわかりやすく知らせるために、動物の名に割りふったわけで、始まりの状態を表わす「子」はネズミに宛てられた。

ネズミは子を沢山生むことから、ねずみ算やねずみ講という言葉も生まれた。実際のネズミは一腹で5~10匹の子を生むが、その妊娠期間は2~3週間、しかも出産当日にも受胎可能だというから、ネズミの繁殖力が前述の言葉を生む背景になるのがわかる。和算の世界でも、ねずみ算を「正月雌雄2匹のねずみが12匹の子を生み、毎月かくして12月に至れば、ねずみの数は2×7^{12}で276億8257万4402匹」と計算する。多少の淘汰を生じたとしても、この数字の脅威がねずみ講への取り締まり等の根拠にもなるのだろう。

　このネズミは大黒天の使わしめにもなる。「俵のネズミが米喰ってチュウ」という実際とは裏腹に、食物や財産を増やす打出の小槌を持った大黒天の豊穣のシンボルとしてネズミがいるのは興味深い。ネズミの盗み喰いの小ずるさは、清元『鳥羽絵《とばえ》』で、捕まえようとする愚かな下男を翻弄する台所ネズミとして歌われ、『伽羅先代萩《めいぼくせんだいはぎ》』の床下で荒獅子《あらしし》男之助《おとこのすけ》に踏まれながらも、その足下をくぐりぬけて一巻を手に入れる仁木弾正《にっきだんじょう》の妖しさへ発展する。狂乱するお夏は子歳生まれの奉納手拭を振り、お岩の執念はネズミにさまざまな怪異を演じさせる。

　端唄『梅にも春』は、若水・鳥追い等と正月風物が唄い込まれるが、「待つ辻占やねずみ鳴き」の歌詞も登場する。この「ねずみ鳴き」は、男女の逢瀬、特に遊女が客を呼び込む時に、ねずみの鳴き声を模した風俗だ。チュッチュッと、いかにもセクシーな媚音だが、この背景にも商売繁盛の大黒天の使わしめとしての縁がある。まさに義賊鼠小僧次郎吉が、貧家に小判を撒くように、ねずみは津々浦々にイメージの豊穣をかき立てるのだ。

ことば蔵の小窓 ③

春秋《しゅんじゅう》は一年、いや一生を表わす言葉です。舞台が終わる時に使われる「千秋楽」にしても、終わりなら冬という文字の方がふさわしい気がするのに、「秋」ですねぇ。

芽や草が萌え、土が張るので「はる」。物事が枯れ果て空きが出るので「あき」が、それぞれ春と秋の語源だと言われています。確かにこの二語だけで一年や一生は言い表わされている感があります。「春秋に富む」「春秋高し」「幾春秋」「春秋時代」等々。

今の日本は夏が猛烈に暑く、冬は極端に寒い。夏と冬ばかり主張が強すぎるのは、どこかの誰かさんに似ている気がしなくもない。ちょうど心地よい春秋がイメージされるような一年が戻ってきてほしいですね。

歌い継がれたことば

58 童謡と唱歌は別物だった

7月1日は「童謡の日」であるのを皆さんはご存じだっただろうか。大正7年（1918）のこの日、鈴木三重吉《みえきち》によって童話・童謡の新雑誌『赤い鳥』が創刊されたのを記念して、後世の人々が命名した（1984年、日本童謡協会によって制定。二代会長・中田喜直）。

『赤い鳥』創刊の少し前の1911～14年に尋常小学校唱歌が定められ、教科書には6年生まで一学年20曲ずつ合計120曲が収録された。基本的に歌詞、曲ともに作者は明記されず、いわゆる買い取り原稿で『春が来た』や『かたつむり』などのお馴染みの曲もあるが『二宮金次郎』『桃太郎』『桜井のわかれ』『児島高徳《こじまたかのり》』など修身、国語読本、国史に重きが置かれる曲も多くあった。

この傾向を批判し、子供の視点や心の歌を復権しようとしたのが『赤い鳥』運動といえる。詩を書いたのは北原白秋・西條《さいじょう》八十《やそ》・野口雨情ら、作曲は山田耕筰・中山晋平・本《もと》居長世《おりながよ》らで『からたちの花』『かなりや』『赤とんぼ』『七つの子』『雨降りお月さん』など後世に歌い継がれた名曲がこの時に誕生した。いわば大人になる過程の未完成な人として子供を見るのではなく、子供自体に大人が忘れ去ったピュアな心を見出し、存在価値を認めたのである。その意味ではこの時代に「子供」が発見されたといっても過言ではない出来事であった。

余談だが、フォークグループの赤い鳥はこの精神を活かそうとして『竹田の子守歌』『翼をください』などを生んだ。このグループは後に紙ふうせんとハイ・ファイ・セットの二つになったが、それぞれに日本の歌に新たなページを加えたから『赤い鳥』の心は現代にも羽ばたいたといえる。

さて、「童謡」と「唱歌」が現代では同じように扱われがちだが、その作られた目的から言っても全く異なっていた事がわかる。それはどこかで日本舞踊の事情と似ていて、坪《つぼ》内逍遥《うちしょうよう》が命名したこの名前も百年以上経った現在、西洋舞踊に対する日本の舞踊を創造しようとした高邁《こうまい》な志は色褪《いろあ》せて、日本を代表し日本の心や体を体現できるものではなくなりつつある。

『赤い鳥』が子供という存在を発掘したように、日本舞踊に今だからこそ再び日本を発見する舞踊を作ろうとする気運が起きてもおかしくないのではなかろうか。欧米化、国際化、グローバル化の後追いより手振りの真実、微細なる宇宙……。

59 みぃちゃんの視線
――『春よ来い』

　冬の後には春が、その後には夏が、そして秋、また冬――当然と思っていた日本の四季の巡りも近年大きく狂い始めた。確かに日本は亜熱帯に属する国となってしまった!?　ようだ……。

「春よこい早くこい歩き始めたみぃちゃんが赤い鼻緒のじょじょはいておんもへ出たいとまっている」。

　この童謡の作者は相馬御風《そうまぎょふう》。『カチューシャの唄』や『都の西北』でおなじみの早稲田校歌も作詞した。

　この歌詞に登場するみぃちゃんは御風の愛娘文子がモデルと言われているが、じょじょやおんもといった幼児の小さな口から発せられた言葉が胸に響く。

　みぃちゃんの視線は、家の中から外へ向けられている。寒いだけなら赤い鼻緒のじょじょを履《は》き、おんもに出られる。しかし、それができないというから、たぶん外は雪……。

あるいは、赤い鼻緒のじょじょは準備されていても、まだ十分には履きこなせないほど幼いとも想像される。

二番は「（略）おうちのまえの桃の木のつぼみもみんな膨らんではよ咲きたいと待っている」とあって、おそらくみぃちゃんの成長と桃の節句を迎える前の季節のもどかしさとを重ねているのだろう。

この作は大正期に起きた童謡の代表作の一つだが、これに対して、明治43から昭和16年に至る間の尋常小学校の唱歌では、同じ春を扱っても『春がきた』や『春の小川』になる。童謡運動の旗手《きしゅ》鈴木三重吉は唱歌には曲調と詞章との二つにおいて唱歌に取るに足るものは極めて少ない。特に詞章の方は大抵がひどいとまで批判した。

確かに「春が来た春が来たどこに来た　山に来た里に来た野にも来た」や「春の小川はさらさらゆくよ」には、みぃちゃんの視線を支えたような大人の気配はない。季節の移り変わりの逡巡《しゅんじゅん》や祈りがないのである。子供の視線の神秘性……単純、簡単だけが子供の心ではなかろう。おそらく自分でも意識できない無意識と対話をする時、子供は沈黙をするのだ。その気配を背後で感じる大人……みぃちゃんが赤い鼻緒のじょじょが履ける日は、彼女が一人歩きをする日であり、いつもより遅く、ようやく春がやって来る日なのだ。早春にはこの童謡を歌って、本当の春が来るのを待つことにしよう。

60

雨と金の鈴、そして鐘

――『てるてる坊主』

私は天気予報をあまり見ないで外出するのが常である。だから、帰りに毎日のようにコンビニで傘を買わされる羽目に陥るたびに、軒端のてるてる坊主を懐かしく思い出す。しかし、あの愛唱歌『てるてる坊主』の運命は悲惨で、願いを叶えられなかったら「首をチョンと切るぞ」と脅迫される。これは子供の一面の残酷さを表現したというより、民俗的呪術や蔑視され奴隷の如く使役された人々の記憶と読んだほうが腑に落ちる。それは逆の事象としての「晴れたら金の鈴あげよ」でわかるので、褒美は首につけられる鈴、すなわち役に立つ者は逃亡を音で知らせる鈴を首に着け、使役するためだったと想像できるからだ。

「誰が猫の首に鈴をつけるか?」の譬えも、人が嫌がる役目を引き受けること。鈴を首に巻きつける瞬間、猫に抵抗され、傷を負うこともあるし、本来自由な動物を無理に専有する反自然的行為への小さな怖れからでもある。鈴をつける言い訳として、いなくなった時にその音で場所を知らせてくれるからというが、鈴が聞こえる範囲なら安心圏内で、本来はそのテリトリーを越えた時の猫自身の安全、すなわち魔除《まよ》けとしての鈴の役割りも意図されたものであったろう。

それは、私たちの生活雑貨=財布・根つけ等々にも小鈴がつけられたり、また涼を感じるとされる風鈴が吊られるのも、さらには神社で参拝する前にジャランと鳴らす神鈴《しんれい》や鰐口《わにぐち》の音、巫女や神楽、三番叟が振る鈴、さらに遡《さかのぼ》れば古代の銅鐸《どうたく》が祭祀で打ち鳴らされたことからもいえよう。

寺の梵鐘《ぼんしょう》も時を知らせるという実用の前に、煩悩《ぼんのう》を払うとされるのを、一〇八撞く除夜の鐘で大晦日くらいは私たちも実感させられる。この梵鐘には何故か水中に沈んだり、引き揚げられたとする縁起を持つものが多く、お馴染みの処では、三井寺の鐘は俵藤太秀郷《たわらのとうたひでさと》が大ムカデを退治した際に、龍宮から御礼として贈られたものとされる。鐘の形はもともと海に住む想像上の蒲牢《ほろう》という獣を形どったもので、鯨に襲われると大声を発したという。撞木《しゅもく》は鯨の見立てで、撞かれる鐘の音は蒲牢の声に似せたという。いずれにせよ、水と鐘は縁が深く、雨乞いの折に梵鐘をついた伝説も各地に残っているほどである。

てるてる坊主がもらう金の鈴はこんな心意伝承が屈折して使用されたものであろう。さらに道成寺に、日高川を渡った大蛇が鐘にまとわりつく物語もただの執念譚だけでは解けないことまでが水と鐘の組み合わせで見えてくるのである。

61

さつきの闇
――『夏は来《き》ぬ』

五月雨《さみだれ》という言葉は雅語にだけ残った。太陽暦になって、五月につゆは訪れなくなり、梅雨はもっぱら梅の実の熟す頃の雨＝梅雨という文字が幅を利かすに至った。

五月晴《さつきば》れという言葉も本来は、梅雨の時期に束の間見せる晴天のことだったが、近年ではゴールデンウィークを中心とした快晴続きの天候にうまくすり代わって、意味を違えて使われている。

唱歌の『夏は来ぬ』の2番の歌詞は、「さみだれのそそぐ山田に　早乙女が裳裾《もすそ》濡らして　玉苗うううる　夏は来ぬ」と歌われる。佐佐木信綱《のぶつな》の作詞。太陽暦が採用されて20年を過ぎたばかりの明治29年の作品。この頃はまだ「五月雨」は「さみだれ」とひらがなにすることによって命脈を保っていた。

この歌は全体に和歌が踏まえてあるのが特徴で、2番で言えば「五月雨に裳裾ぬらして植うる田を君が千歳のみまくさにせむ」や「さをとめの山田の代に降り立ちて急げや早苗室のはやわせ」の『栄華物語』にある二首を意識しているのが見えてとれる。

また1番の「卯の花の匂う垣根に　時鳥《ほととぎす》はやも来鳴きて　忍び音もらす　夏は来ぬ」という歌詞に登場する「卯の花」と「ほととぎす」の組み合わせは『万葉集』だけでも十七首あって、それが定番であったことが窺い知れるのである。

そして3、4番には橘・蛍・水鶏《くいな》など和歌に好んで読まれた言葉を配して、5番は1〜4番に使われた言葉を集めるように「さつきやみ　蛍飛びかい　水鶏なき卯の花咲きて　早苗植えわたす　夏は来ぬ」と歌い結ぶ。「さつきやみ」の語でもわかるように、このころは雨が続くので、いつも闇が重く垂れ込めていたのだ。さつきという季節は現代の五月晴れとは異なり、正反対の暗さが支配した季節だった。だから蛍はその闇を目指して飛んでゆく。まるで蛍が蛍であることを証明するかのように闇が蛍を生かした。また蛍が飛んでこそ、さつきの闇の存在は実感されたとも言えよう。

近年の梅雨入りは毎年々々揺れ動く。だからますます五月雨はつゆとは一致しなくなる。これは単に旧暦と新暦の相違であったが、近年ではこれに季節の乱れも加わった。地球気象にとっての大いなる憂《うれ》いは、暦の違いや季語の乱れといった文化だけの問題ではすまなくなったことだ。まさに、さつきの闇はいよいよ深くなってきたのである。

62

月と兎
――『お月さまいくつ』

春の桜に対して、秋は月――農耕民族の日本人にとってそれは美意識である以前に、花と実（月）という因果の法則を目の当たりに祈ることであった。

歌舞伎舞踊でいえば、『浅妻船』が秋の月をテーマにするのは、春の桜に踊る『娘道成寺』を陽とすれば、ちょうど陰画の関係になるからだ。その証拠に、両者ともに白拍子を主人公とし、クライマックスに羯鼓《かっこ》と振り鼓の踊りとなり、道成寺は鐘入り、浅妻は月入りすると考えればあの構成は理解できよう。

清元『玉兎』にも登場する古謡「お月さま」は十三七つと歌われる。この解釈には、足して二十才になるとか、元歌は「十三ひとつ」で十四夜だから、十五夜の満月になる手前で「まだ年や若いな」と歌われたという説。また旧暦では閏年《うるうどし》を十三ヶ月とするが、それは十九年に七回ある事を教える歌だという説。さらに美しい処では沖縄の「月ぬ美《かい》しゃ十日三日、みやらび美しゃ十七つ」を採ったという説もある。が、一般的には十三日の七つ時（午後4時くらい）を歌ったものとされる。それは十三夜の月が東の空に輝きを増す時分だからなのだ。遊び疲れた子供が背中であやされながら、家路を急ぐ頃合なのだろう。

「誰に抱かせませうぞ　お万に抱かしょ」のお万にも諸説あるが、夕焼けの赤い雲を「お万が紅をさす」ようだと形容した事に原拠を求めたいと思う。

『童謡古謡（行智）』にも「お万がベエに、いわしぐも」ともある。

東に十三夜七つ時の月、西にお万が紅さしたような夕焼け――それが背に負われた子供が見る夕方という世界なのだ。

ついでに「うさぎうさぎ　なにょ見て跳ねる　十五夜お月さま　見て跳ねる」にも触れておきたい。

月に兎はつきものだが、この歌では兎は月の外側にいる。しかも、跳ねるのは月を見るからだとあたかも限定しているようにも受け取れる。おそらくこれには「うさぎ　波を走る」という譬《たと》えがイメージされての事だろう。月の光に照らされた波の輝きが、あたかも兎が飛んで走るように白く見えるゆえだ。

月に棲《す》む兎が波間を遊ぶ幻想に、私たちは天上界からの使者の降臨をイメージして、なんらかのメッセージを読み取ろうとしたのかもしれない。

63

紅と黄色は競い合う

――『鞠と殿さま』

秋の語源は「空き」であるという。生命が旺盛な夏の勢いが衰え、そこここに虚無が忍び寄るのを敏感に感じたのだろうか。さらに和歌では、秋に「飽き」を重ね合わせてイメージするものが多いから、必然的に恋に破れた悲歌になりやすい。

そんな侘《わ》びた季節でありながら、目にまばゆいばかりの紅葉は私たちの心を喜ばせてくれる。紅葉も黄葉もともに「こうよう」というが、葉の色が変化し、赤っぽくなるのが「もみぢする」という現象で、紅葉は植物のひとつの種類を指す語ではなく、黄葉も「もみぢ」した結果の色なのである。

それにしても、現代の我々から見れば紅葉と黄葉は明らかに異なるが、童謡『鞠《まり》と殿さま』（作詞＝西條八十）の最後の歌詞に「赤いみかんになったげな」とあるように、みかんは黄色でなく「赤い」と歌われる。

正月の鏡餅の上に飾られる橙《だいだい》なら赤いみかんに近いと言えなくはない。が、『鞠と殿さま』のみかんは、お駕籠《かご》に乗った紀州の殿様に抱かれた鞠が、紀州だから蜜柑《みかん》になるだろうという幼い少女の幻想を歌にしたものだ。ここには紀州という土地の温暖と殿様に鞠が大切にされるぬくもりが黄色ではなく、赤を選ばせる心因となっているのだろう。が、やはり『万葉集』の時代より色の性質は赤黒白青に四大別されたから、黄というカラーは「あかし」という性質の「赤」に呑み込まれてもさほど違和感はなかったのだと言える。

長唄『紀文大尽《きぶんだいじん》』の終曲近くに、二代目紀伊国屋文左衛門《きのくにやぶんざえもん》が廓で三百両の小判を雪の庭に撒き散らすと、大勢の取り合いで庭は踏み荒らされ泥の海に化すという場面がある。紀文の豪遊《ごうゆう》振《ぶ》りを叙した場面だが、風流な雪の庭の白一面が小判の金色に埋め尽くされたかと思いきや、すぐに泥の黒になる……白↓金↓黒……色彩のあっという間の変化に、人間の栄華の無残な結末を重ね合わせているのだ。

この紀文の小判まきの原点は、11月8日の鞴祭《ふいご》りで、鍛冶屋《かじ》の屋根の上から大量の蜜柑をまくという奇習にあったと私は考えている（蜜柑の黄色は鍛冶屋の火花の比喩。風邪と伝染病の呪《まじな》いだった）。紀文がこの祭りに必要な蜜柑を間に合わせるため、危険な遠州灘を乗り切って、蜜柑船で五万両を稼ぎ、一躍名を馳《は》せた過去の記憶が重ね合わせたからである。

いずれにしても、秋は豊穣の赤や黄色で、ただ錆《さ》びや侘びばかりの季節ではいられないのである。

64

アクセントはどこへ飛んだか？

——『赤とんぼ』『蛍の光』

夏の暑さの記憶がまだ残る頃……収まりかけた熱気や風の中に、赤とんぼの一点の「赤」を見出すと、つい子供の時のように追いかけてみたくなる。赤とんぼの「赤」……その赤のアクセントは一音目の「あ」にあるはずだが、「赤とんぼ」の場合、最近のテレビ局の多くは平板に言うのがどうも一般的になりつつあるようだ。

色の「赤」の標準アクセントは一音目の「あ」にある。それが理由で「赤とんぼ」でも「あ」にアクセントを置いて言うべきという主張があって、その根拠の一つとして童謡の「夕焼け小焼けの赤とんぼ」のアクセントを例証として示した人々がいたくらいだった。

卒業式時期には『蛍の光』があちこちで歌われるが、以前、ＮＨＫ「紅白歌合戦」のラストでもこの歌で締めくくり、一拍おいて除夜の鐘が入って「ゆく年くる年」になる演出が行われていた。その演出に一役買っていた藤山一郎は、この曲を指揮する時に開口の「ホタルノヒカリ～」の一節だけは声を出さなかったという。それは日常でいうホタルのアクセントと歌につけられていたそれとが異なっていることを嫌ったからだという。しかし不思議なことに我々も普段ホタルは一音目にアクセントを置いて言うが、歌の題名となると平板にいうことに何の違和感も覚えない。これは赤とんぼでも同じだ。

ゆるキャラの「くまモン」にもアクセント論争があった。熊本の県名は平板に言うから、で、ご当地ではくまモンも頭にアクセントを置かず平板に言うべきという主張である。

NHKの古典番組では、地唄の『雪』に関しては、上方にゆかりの曲ゆえに一音目にアクセントを置く。また『保名《やすな》』は義太夫の原典を尊重して二音目を強めて言う。これには葛の葉＝屑の葉っぱに対する保名＝安い菜っ葉の洒落だという説もある。

歌舞伎や日本舞踊の坂東《ばんどう》という姓も最近は平板に言われている。坂東武者や坂東平野などで平板に言うのが一般的であるからだというが……しかし、同様な音の並びである安藤や権藤の姓に関しては、さん付けする場合や姓と名を続けていう場合など、日常でもさまざまに揺れ動いたり、変わったりするものだ。アクセントは活きた息づかいによって千変万化するからである。理屈や法則が先行すると、言葉は権力的になって息苦しくなるから要注意である。各地方からの出身者が多く集まって出来た首都東京ゆえの標準アクセント……遊郭の「ありんす言葉」の事情を思い浮かべたりもしなくはない。

65

人生の終わりは？

――『夢は夜ひらく』

『圭子の夢は夜ひらく』がヒットしたのはちょうど70年安保の時代で、敗北感を背負い、希望を見出せない人々の靴底に張り付いたような感触の歌だった。その偶像《ぐうぞう》となった藤圭子の人形のような無機質な美しさは、社会変革という理想を追い求め破れた若者の、無残な魂の抜け殻の表情の比喩でもあったろうか。

この歌が当時流行していたフォークソングと全く趣を異にする点は、歌詞が七五調で綴《つづ》られているということで、それでいてコーラスごとの最後にやってくる「夢は夜ひらく」だけが八音で留めるところがなんとも切ない。いわば、どうにもならない現実世界を語るのに、日本の伝統的リズム感ともいえる七五調を枠枷《わくかせ》にしながらも、最後に八音で裏切るという構造なのである。「あかく咲くのは　けしの花　白く咲くのは　百合の花　どう咲きゃいいのさ　このわたし　夢は夜ひらく（石坂まさを＝作詞）」しかも、音符は終始単純なタッカタッカタッカタッカを繰り返す。覚めている無意味な現実世界ではなく、眠った夢の中でしか咲かせられない花の命をつなごうとするから、あえて最後に七五調を破った八で歌い広げようとしたのだろう。早くも夏に終わりを告げ、人生の秋を感じた若者たちの吐息が、ここに聞き取れる。

宮崎駿《はやお》監督の最後の長編アニメ作品は『風立ちぬ』だった。いったい何を感じての引退かは、ご本人以外にはわからないことだったが……「秋来ぬと目にはさやかに見えねども風の音にぞ驚かれぬる（藤原敏行）」秋の気配を風の音に感じ取る。これはすっかり秋になってからの歌では決してない。あの暑い夏の季節の中に、秋の微《かす》かな気配を探った歌なのだ。その象徴としての「風」……風が立つとは、いつものように風が吹くことではあるまい。おそらく秋が立つ＝立秋のイメージをこめた言葉であろう。

太陽暦の立秋はだいたい八月の中頃だが、その頃は猛烈に暑いのが最近の傾向だ。が、旧暦の場合なら、立秋前後ともなれば昨日までとは違った気配が立ちあがったのだ。それを知らせるのが風の仕事でもある。詩人は人より早くこの気配を感じとった。

狂ったような昨今の夏の暑さ、その中での立秋……そんなけだるさとなかなか感じ取れない秋の気配が同居するなんて……。この頃になると、私は『夢は夜ひらく』の歌と同時に「風立ちぬ」という言葉を思い出しては彷徨するのである。

66

島の歌をめぐって
――『波浮の港』

島をめぐる領土問題はなかなか解決しない問題の一つである。実際には島という土地、すなわち領土へのこだわり以上にその周囲の領海（領土から12カイリ＝約22キロメートル）や、さらにそれを取り囲む排他的《はいたてき》経済水域（200カイリ＝約370キロメートル）の漁業権や、地下に埋もれている資源を自国のものにしようとする目的が各国を必死にさせるのである。いわば見えないはずの資源が見えてしまったための悲劇といえなくもない。

島の悲劇を扱った古典芸能では『俊寛』がある。「鬼界ヶ島に鬼はなく、鬼は都に」と平家の非情を訴える言葉があるが、島は浮世と隔絶された世界として描かれていた。

私が子供の頃では歌謡曲で『島そだち』や『島のブルース』等が流行し、日本でありながらも多くの人々には未知のエキゾチシズム溢れる土地への憧《あこが》れが恋心に結びついて歌われた。その背景には戦後、サンフランシスコ条約で、アメリカの領土となっていた島々が日本に返還され、島が戻ってきた喜びがあったからだ。いわば離ればなれになった家族や恋人との再会に擬せられるロマンチックな心が醸成《じょうせい》されたのが、これらのヒット曲が生まれた背景にあったと考えられるのである。

1923年に発表された『波浮《はぶ》の港』は伊豆大島の港を歌い名曲になったが、作詞者の野口雨情《うじょう》は実際にはこの土地を訪れてはいなかったといわれる。歌詞にある「なじょな心でヤレホンニサ　いるのやら」の「なじょな心」とは「どんな心」という意味の茨城弁で、雨情の故郷の言葉であり、大島のものではなかった。また「波浮の港にゃ夕焼け小焼け」と歌われるが、実際にここは東向きの海岸で夕日が沈むのは見えないから、夕焼けどころか、小焼けすらなかった。ここからもわかるように、島の生活や習慣はこの頃でもまだまだ想像上のこと。体感できるようになったのは、やはり交通機関の発達を待つしかなかった。

そして現代、雨情の取材不足を知りつつも芸術的価値を認める余裕を我々は持っている。しかし、そんな心を持ちながらも、見えない海の底に資源を発見できた時、他国との権利争いに島は巻き込まれてしまった。悲劇も恋も、何も語らない無言の島は、いま殺伐《さつばつ》とした物語の大海に翻弄《ほんろう》され始めた。ひょっこりひょうたん島のように地球を漂浪《ひょうろう》しなければいいが……。

ことば蔵の小窓 ④

我が国の「日本」という名称は、「ニホン」「ニッポン」どちらで発音してもいいと2009年の閣議で決定しました。それぞれの時代、土地によって言い習わされた呼称があるからだそうです。17世紀初めにポルトガル語で書かれた『日葡《にっぽ》辞書』には「日本」の読み方として「ニホン（ニフォン）」「ニッポン」「ジッポン」があがっています。やはり各地で違った発音や認識があったことがわかります。三つ目の「ジッポン」を知ると、なぜ海外では「ジャパン」と言われるのか理解できる気がしますね。

その「日本」という表記自体は西暦でいうと701年の「大宝律令」が成立したあたりからのようです。和ものや和風の「和」は「日本」以前の「倭《わ》」の書き換えとかで……わわわわ……面倒な話になりそうですから、このくらいにしておきますわ。

季節が匂うことば

67 雪月花は狩らない

ワシントンD.C.のポトマック河畔に日本の桜の苗木三千本が贈られ植樹されて、丁度百年の記念の催しで、ジャパンソサエティのお招きを受け『吉野山』などの舞踊を七回公演させて戴いたことがある。

歌舞伎舞踊を見慣れて、少しのことでは動じなくなった日本の観客と異なり、アメリカの人々の反応の純粋さに驚かされること度々だったが、その中で幕切れ近く、忠信《ただのぶ》が狐の本性を現し、蝶《ちょう》を笠で追うしぐさでは七回とも笑いがあった。蝶を操《あやつ》る差金《さしがね》の存在、サムライが突如児戯《じぎ》めいたしぐさをする事、また蝶より蛾《が》のほうが美しいと思うアメリカ人の美意識など、さまざまな思いが複合した笑いだったらしい。

ところで、唱歌『蝶々』は「蝶々　蝶々　菜の葉にとまれ　菜の葉にあいたら　桜にとまれ」と歌われる。寛政9年（1797）刊の『諺苑《げんえん》』には、後半の文句が「菘《な》の葉カイヤナラ木ニトーマレ」とあり、それから20年ほど後の『童謡古謡』には「菜の葉がいやなら手にとまれ」また清元『玉屋』や『浮かれ坊主』では「菜の葉がいやなら葭《よし》の先に」と変化する。これが明治になって野村秋足《あきたり》＝作詞の唱歌となって現在に至った。

一方、お馴染みの『さくらさくら』は江戸期から歌われた古謡だが、明治21年刊、東京音楽学校編の『箏曲集』の入門曲として採り入れられてから一般化した。ここでは桜の花が「かすみか雲か」とたとえられたが、この曲以前の三味線歌謡では「吉野山を雲かと見れば雪にはあらで花の吹雪よ」とあるように、雪と花は似た白さを有することや同じように散るさまが、二者を見紛《みまが》う美意識を作る直接の原因とした。

『義経千本桜』の原作は吉野山に桜は咲いておらず、枝に雪が積もっているのを桜の花盛りと幻視する詩的意図があったことは再三述べてきた。いわば雪を桜と見たり、また桜を雪と見立てたり……。即ち「見る」行為自体に天皇の国見《くにみ》と同じく、美意識以前の呪術があるからこそ、かくまで見紛う事に特別な意味を生じたといえるのである。

これに秋の月見を加え、雪見、花見で「雪月花」と持て囃された背景には「見る」行為による穀物の豊穣への祈りや感謝がこめられていた。だから同じ季節の風物詩でも、蛍《ほたる》や紅葉には「見」が付かず、探し求めて行く意の「狩り」という語が付いて「蛍狩り」「紅葉狩《もみじが》り」と区別するのも、美意識以上の切実な思いが雪月花を「見る」行為に託《たく》す理由があるからなのである。

68 桃のちから

桃は古来から霊力を宿す植物とされた。中国の西王母《せいおうぼ》という女仙は、帝王の長寿のためにこの実を贈り、また東方朔《とうほうさく》は西王母の桃を盗んで食べたことにより、不老不死になったという。

長唄『白酒売り』の言い立てでは「東方朔はこの酒を八盃のんで八千年」生きたと、桃ではなく白酒に代えている。白酒と桃の組み合わせはすぐに雛祭りを思い出させるわけだが、『吉野山』の「桜はささが過ぎたやら桃にひぞりて後ろ向き」にも、酒つながりで桃の語が引き出されてきた気配が読みとれそうだ。

現代ではあまり馴染みがないが、三月の桃酒は、九月の重陽の節句の菊酒と対応して邪気払いに飲まれたらしい。桃の異名に「御酒古草《みきこぐさ》」というものがあって、ここからも桃と酒の関係がいまより深いことが窺《うかが》い知れよう。

桃の実が邪鬼払いや魔除けに使われた例として、イザナキが死んだイザナミに会いに黄《よ》泉国《みのくに》へ出かけ、その恐ろしい姿に驚き逃げ帰る際、追いかける雷に対し、桃の実三つを投げ撃った話がある。これによって雷神は逃げ去ったというから、桃の霊力は神変不思議を保証されたようなものだ。他にも平安期に行われた追儺《ついな》の行事は、桃の枝で作られた弓で葦の矢を射て、鬼を退散させる儀礼。また正月の上の卯の日に、桃の木を短く切ったものに五色の糸を垂らして邪鬼払いをした卯槌《うづち》という風習もあった。

桃太郎が鬼退治をするのも、こんな桃の力に仮託した俗信の表われだったろう。桃という文字の「兆」は、中央で切るとちょうど右と左に対象になる。それで、背中合わせに割れる、離れる意があって、「逃げる」「跳ぶ」という文字もそのつくりにもあることから同族の語といえることが理解できよう。雛の節句が「流し雛」で、身の穢《けが》れを水に流す風習が遺っていた頃、邪気を追い払う象徴《シンボル》として桃が飾られたのは、実に当時の人々にはわかりやすい呪術であったに違いない。節分の柊《ひいらぎ》は、最近でこそトゲで鬼を刺すためと解されているが、本当は文字通り「冬の木」だからで、家内には飾らず外に出して、冬を鬼同様に追い払い、春を迎える意味だったのである。その点、桃と柊は文字に託した力を信じる共通項があった。が、そう考えると春の木と書く椿はもう一つ影が薄い。春迎えの植物になれなかった椿は邦楽でもあまり扱われていない。

69

北と兆

「弥生は雛の妹背仲（舞踊『吉野山』）」。男が愛する女性を呼ぶ時の称が「妹《いも》」であるのに対し、女が夫や恋人に対しては「兄《せ》」と呼び慣らわした。「せこ」や「せな」「わがせ」という形をとることも多く、実は「兄」は男性ばかりでなく、目上の人すなわち母に対しても「兄」と呼んだ時代もあった。

この「兄」がいつの間にか「背」や「勢」の文字に入れ替わって使われ、時に芸能では「妹背山」のようにピッタリとイメージが貼り合わされているが、「妹」に対する「兄」ではなく、「背」とは、なんともすっきりしない。おそらく妹背と付け合わせた時に肉親の妹と兄との関係から差別化する必要があったことから、この用法が定着していったのではなかろうか。

ところで「背」の文字は「北」と「月《にくづき》」で構成されている。「月」は身体の一部分である意だが、「北」には叛《そむ》く、後ろ側や逃亡する意味のある語だ。文字自体を見てもわかるように、中心線から左右に分けることができる。まさに背中合わせだ。「敗北」に「北」を用いるのもそれゆえだが、方角の北が後ろや逃亡の方向になるのは、天子は南面するからであろう。南方の陽光に向う帝に対し、臣下らは北面する。嫁いだ女性らが北の方や北の政所になるのもそれゆえだ。ついでながら五行説での南方の色は朱、北方は玄（黒）であるのもこのあたりが理由だ。

この妹背の雛の節句に桃が飾られるのは、桃の実に邪気を払う呪能があると信じられたからに他ならない。お馴染みの神話でも黄泉《よみ》の国から醜い姿で追って来るイザナミノミコトに命じられた雷神らを、夫であったイザナギノミコトは桃の実を投げて撃退している。「桃」という文字のつくり「兆」も中央から背中合わせに分かれる文字だ。それゆえ「逃げる」に発展することでもわかる。

その桃の実は故王を祀る場には禁忌の果実とされた。それは鬼神が避けると同様に、祖霊をも驚かすと考えたからである。雛の節句に桃を飾るのもこうした邪気除けの習俗と同時に、中国では新婚の祝頌歌《しゅくしょうか》になったり、投果を歌うような魂振《たまふ》り的意味の記憶も重なるのだろう。投果は歌垣などで、女が男に果物を投げて誘い、それを拾った男が贈り物をして夫婦の契りを交わした習俗のこと。鬼退治をした少年が桃の中から生まれたのもそんな記憶の伝承なのである。

70

卯《う》の花の匂う時

清元『卯の花』という題名は出だしの文句である「卯の花の雪でうさぎを作るなら」から来ている。卯の花＝ウツギの花弁は白色で、それが豆乳をしぼった残りかすのオカラに譬《たと》えられた。しぼった後の殻《から》（空《から》）だからで、客や金の縁起からいえば、あまり好もしくないので「切らず」と言い換えたりもした。

この空《から》つながりで言えば、卯の花はウツギが正式の名で、枝が中空なので空木という命名になったという。

「卯月八日に産湯をそそぎ（義太夫『蝶の道行』）」。釈迦の生誕祭である花祭りには、釈迦像に甘茶を注ぐ。これは王者が仁政を行えば、天が感応して甘露を降らすという中国の伝説に見立てたものだ。そんな善き政りごとが行われない現代では、甘露は降らず、少し早めの「卯の花腐《くだ》し」がやってくるかもしれない。これは梅雨（五月雨）の初期に、卯の花を腐らせてしまうほどにザンザと降り続く雨のことである。

ところで、卯の文字はボウと発音して、本義は、神に祀《まつ》る肉を二つに分かつ意があった。十二支を時間に配当すると卯の時は現在の午前6時頃だから、夜から朝のちょうど分かれ目である。中国では朝酒を卯飲《ぼういん》、出勤簿を卯簿《うぼ》と呼んだりした。

柳という文字のつくりにあたる卯は、もとは留《りゅう》を省略したもの。垂れ流れるところから流の音が来たという説もある。漢の周亜父《シュウアフ》は、細柳という地に陣営を張って名将の名をえたので、軍営を柳営というようになった。遊郭の見返り柳は、そのモデルとした中国の平《ヘイ》康里《コウリ》の廓《くるわ》が、周囲を柳で囲んでいたことの名残りである。柳は緑、花は紅――柳に囲まれた廓の中にいるおいらんは花の魁《さきがけ》で、花柳界という言葉もここが原拠。歌舞伎舞踊の獅子物の原点では傾城《けいせい》が主役となっていたり、牡丹の花枝を持つのも遊郭を効かせたもので、あながち渡来の獅子との組み合わせばかりではないことが想像されよう。

同じ柳でも、まな板に使われた「楊」は陽木で、「柳」は陰木とされた。その枝葉のさまから、そう見なされたのだろう。が、陰木の柳に同じ陰気の幽霊が組み合わさると、卯という文字が左右二つに分断されるイメージも合わせ持たされたと考えずにはいられなくなる。それは幽霊がこの世から離脱した魂だからだ。そんな卯が孕《はら》んでいる世界にはまだまだ興味津々たるものがある。

71

蓑笠《みのかさ》とさみだれ

五月雨《さみだれ》は陰暦五月に降る雨のことで、梅雨《つゆ》と同意である。「さ・みだれ」――「さ」は穀物神の名で「ミダル」は「水垂る」意の朝鮮語が合成されたという説が有力だ。この季節の雨が作物にとって大切であることは、この命名からも窺えよう。

ところで、雨雪を避けるには傘・笠を用いる。さらに両者ともに日差しや人目をよけるために使われたりもする。神話のスサノオノミコトが高天《たかま》が原から追放された折は、笠と蓑を着して彷徨《ほうこう》した。この姿は、歌舞伎の押戻《おしもど》しで大館左馬五郎《おおだてさまごろう》が花道から登場する姿を思い起こさせるし、また、任侠渡世の「合羽《かっぱ》からげて三度笠」の定番スタイルも重ねて連想を呼ぶのである。

蓑笠を着けた姿はその意味で漂泊し旅する者の姿としてさまざまに変容していく。行脚僧のまんじゅう笠に袈裟――雨雪の日ならともかく、陽気のいい日まで僧侶の笠は目深にかぶられる。おそらく武士から転身した西行や熊谷直実蓮生坊《くまがいなおざねれんしょう》などもこの姿であったろうと想像される。

西行の旅を模した松尾芭蕉も笠に十徳、あるいは道行《みちゆき》といった道中着がイメージされる。宗匠頭巾《そうしょうずきん》などを頭にのせるのも笠の比喩と考えれば、漂泊する精神の象徴や名残であったかもしれない。

旅する人のこの姿は、実際的には風雪を避け人目を堰《せ》く便があったわけだが、仮にこれらの必要がない場合——一番わかりやすい例では、雨が降っていないのに蓑笠を着けた押戻しのスタイルがまさにそれに当たる。これを芸能的に解釈すれば、上から降ってくるものを前もって招く依り代と考えられるのだ。

五月雨を浴びながら早苗を植える早乙女や、雀や害虫除けとされる案山子《かかし》が蓑笠を着るのは実用だけでなく、穀物神である「さ」の恵みを浴びる予祝的行為だったのではないだろうか。そして、本来は神の使わしめである筈の猿や獅子があたかも神同然に敬《うやま》われるように、蓑笠つけて漂泊するアウトローは、神の力を懇願すると同時に、神自身にも擬せられてゆくのであろう。

だから大館左馬五郎は道成寺の鬼女を押し鎮めることができ、雀や虫を実際には追い払う機能のない案山子が田の中で呪具として立っていられるのである。

五月雨と書いて「さみだれ」と読ませる心象には、そんな神々への畏敬がこめられていた。

72

紫陽花《あじさい》と富士

梅雨時に紫陽花は美しい。この漢字を見て、すぐに「あじさい」と読めるのは、漢字という文字に、音だけではないイメージを喚起できる才能を日本人が育ててきたからだろう。五月雨＝さみだれにしろ、梅雨＝つゆにしても、大和＝やまとでも、例は枚挙にいとまない。

その「あじさい」は集まる意の「あず」と藍色の「さい」から生まれた「集真藍《あずさあい》」が詰まった語だと言われる。また「あずさい」「よひら」とも言った。「よひら」は四枚の小さな花がひそかに身を寄せ合っている風情がその頼りなげな音にある。一方で、フラボン系の色素の変化によって、さまざまな色になるので七変化とか八仙花《はっせんか》の異名もあり、移り気を意味する花言葉にもなった。

しかし、この季節には紫陽花ばかりか、あやめ、杜若、そして藤の花に至るまでが、紫から青にかけての花をつける。雨には青がよく似合う。

藤の音通で、富士山の「フジ」の語源を藤の枝が垂れ下がる様に見立てた説があるが、藤は「フヂ」であって「フジ」ではない。ただ、この説の魅力は、やはり藤色に近い青みがかった山の色への共感があるところだろう。

富士山の謂れで有名なのは『竹取物語』で、昇天してゆくかぐや姫を惜しむ帝が、形見に残された不死の薬を駿河の山で燃やし、その煙が尽きないことから「不尽《ふじ》」と言われるようになったと描かれたことだ。こういった富士への思いは不尽のほかに、不死・福慈・不二・浮志など多くの多くの語源への考察がなされるものの、まだ決定的なものはない。が、竹取にちなんで言うなら、山の隆起した姿が、大地の節に見えるところから「節」ではないかとする説も、竹取には不尽と節の二つが暗示されていると考えれば興味がさらに深くなる。

平成15年に、過去一万年以内に噴火したことのある火山も活火山とすると定義し直された。それで富士山が休火山ではなくなったのは衝撃的だったが、箱根大涌谷の激しい噴煙を見るたびに、富士山に思いを馳せ、あの薄青の山容まで色移ることを想像するのは、なんとも恐ろしいことである。富士だけは、いつまでも不時（変わらない）不尽（尽きぬ）不二（またとない）姿と色を保って欲しいと祈るだけである。だから富士の語源は一つだけでは物足りない。多くの人々への思いの熱さが語源をたくさん生んだのだろう。

73

幽霊ファッションはさ迷う

以前、坂口良子主演による『応挙《おうきょ》の幽霊』という、落語ネタの芝居を演出させてもらった。その美しさとキュートな魅力で、お客様に喜んで戴いたのだが、中に「幽霊なのに着付が右前なのは間違っている」という意見が出た。

なるほど近年では、納棺の際に白い経唯子《きょうかたびら》を左前に着せ、三角の額紙《ひたいがみ》、さらには手甲脚絆《てっこうきゃはん》の旅装束までする風俗は珍しくない。これらの身なりが意味する処は、旅装束は冥途へ旅立つ比喩で、携帯させる銭が六つ（六文銭《ろくもんせん》）なのは、三途の川の渡し賃ともいわれるが（三途は熱苦を受ける火途、闘いの刀途、骨肉相喰む血途）、人間がさ迷う六道を効かせた数字でもある。四国や西国の巡礼が白い衣服を身にまとうのも、いったん俗世から離れて擬似冥界を巡礼する死装束の見立てといえる。額にあてる三角は蛇や竜のウロコを図案化したものので、この形が持つ幾何学的安定とエネルギーは魔を封じ込めるとされた。俗にいえば、額にあてることによって、そこから霊魂が現世にあくがれ出ないための封印としたわけだ。このウロコを模様にして着付けた能や舞踊での蛇体は、まさに冥界の力を全身にまとっていることになる。

ところで、あの世はすべてこの世とさかさまになっていると考えて、幽霊は逆立ちをして歩いたり、水は下から上へ流れていると思われた時期が江戸初期にはあった。つい最近まで、早く帰ってもらいたい客の呪いとして箒《ほうき》を逆さに立てたのも、この場から外の世界へ追いやる見立てとした習俗の名残りだった。

そんな流れの中で納棺の際は、現世と異なる左前の着付をした。が、中世の能に登場する幽霊が生前の盛りの装束を身に帯するように、歌舞伎、浄瑠璃の幽霊も死装束とはもう一つ別の幽霊装束を工夫するようになった。すなわちそれまでは四季いずれでも構わず出られた幽霊が、江戸中期より夏芝居専科になったので、白やグレーの薄着一辺倒に変化していったのだった。円山応挙が幽霊の下半身を描かなかった事により（18世紀後半）日本の幽霊に足が無くなる流行を見せた。が、それでもその後の『牡丹燈籠《ぼたんどうろう》』のお露がカランコロンと下駄の音を響かせたり、『四谷怪談』のお岩は、雪の中に血の足跡を残したりと、足は無くなるばかりではなかったのだ。応挙の幽霊も左前ではなく、生前の右前着付で描かれているように、幽霊のファッションも固定されたものでなく、時代々の美学にさ迷うものであったに他ならないのである。

74

土用の丑も鰻も偽装

食品の偽装表示には厳しい昨今だが、以前、土用丑の日に中国産うなぎを国内産として表示した事件を思い出す。偽装の「偽」を「人《ひと》の為《ため》」と解釈すると、なんとも漢字自体を疑いたくなるが、これは「人がなす」というのが本意で、いわば人間の手による作為。決して悪い事ばかりが原意ではない文字だったようだ。

〽女郎の誠と卵の四角　あればみそかに月も出る　しょんがいな（『吉原雀』）

自然界には基本的に直線はあり得ない。従って卵の姿は優美な卵型（?）で、直線で形作られた四角い卵は人工に他ならない。というわけで、女郎にしても四角四面の誠があれば、それこそ嘘になる。なぜなら女郎の自然こそぬらりくらりとして、得体の知れぬものだからだ。それを嘘と取るのも、誠と信じて慰みとするのも客しだいに他ならない。〽嘘とまことの二瀬川《ふたせがわ》」――。

月は自然界の代表的存在。真ん丸もあるが、どのように変容をとげても四角くはならない。それはともあれ、毎月三十日《みそか》に月が出ないと言ったのは旧暦の事で、現代の太陽暦では月末をつごもり（月籠《つきごも》り）といった言葉も死語にしてしまった。すなわち三十日には月は籠るとは限らず、ちょくちょく顔を見せますしね。

土用の丑の日に鰻を食べる流行のはしりは、平賀源内が近所の鰻屋から相談を受け、その繁昌のために考え出したキャッチコピーだった。しかし、これより遥か以前の『万葉集』で、大伴家持《おおとものやかもち》が「夏やせに良しといふ物ぞ鰻とり召せ」と詠んだことが、夏のスタミナ源として鰻が古くから考えられていた証しであろう。

土用は各季節から季節への移り、変わり目の時期のことだったから、春から夏、夏から秋、秋から冬、冬から春と年間に4回ある。その中で、この夏から秋への移行期（ただし旧暦）の土用が鰻のせいで（？）有名になりすぎた。

夏から秋への土用を十二支にあてると未申《ひつじさる》あたりで、その正反対に位置するのが丑である。土用の酷暑を克服するのに真逆の丑を以ってする呪《まじな》いだが、丑＝牛肉を食す習慣が一般的でなかった日本人が同じ「う」音が付く食品であり、万葉にも歌われた鰻で夏を乗り切ろうと、牛を鰻に差し代えたわけである。これこそ伝統的偽装の極み!! 人の知恵、作為、偽《いつわ》りは本来悪い言葉ではなかったと、ここでもいえる。あまりウ飲みにしては腹をこわすので要注意ですが……。

75 お中元と怪談

日本は贈答文化の国だ。「贈る」だけではなく、「返す」こともしなければ落ち着かない。恋の相聞歌《そうもんか》などが典型で、歌を贈られたら必ず返歌をした。それは言葉や物にまで魂が宿ると考えたから、行ったまま、来たままでは魂が相手側に留まってしまうのを畏《おそ》れるのである。

お歳暮と同じく、お中元もその流れといえる。世話になった人に贈り物をする慣習は明治初期の商業戦略に乗って一般化したものだが、その起源は道教《どうきょう》の中元節に始まる。天・地・水を司《つかさど》る天官・地官・水官の三官大帝が生まれた誕生日がそれぞれ1月15日、7月15日、10月15日で上元・中元・下元と言われた（ちなみに麻雀の大三元もここから来たもので「白・発・中」の三牌が揃った状態。「天地人」や「松竹梅」等の発想もこの三元が源であろう）。

その中で中元の日は贖罪《しょくざい》の日とされ、中国ではこの日、火を焚き続け神を祀って罪を懺悔した。一方、仏教で7月15日は、僧侶が100日間籠って修行する夏安居《げあんご》の終わる頃である

（現在では90日が多い）。また、この夏安居の終わりに、僧侶に食べ物を施《ほどこ》し、餓鬼道で逆さ吊りになっている母の霊を慰めようとした目連《もくれん》尊者の行いが盂蘭盆会《うらぼんえ》の始まりだ。

とすると、この7月15日が道教でも仏教でも重要な意味を持った日であることがわかってくる。しかも旧暦で15日は月の満ちる時である。1月15日が小正月とされるのも、一年で最初の満月だからで、元日の新月よりもこの日の方がずっと新しい年の実感は目で見て確かめられたはずである。その流れで、7月15日は丁度一年の折り返し点での満月なのだ。収穫への感謝や先祖への祈りが重なる時期といえる。

サンスクリッドでウランバーナが盂蘭盆会と音写され、日本に入って「お盆」と言い慣らわされた。盆地や盆栽などのように平らなものが盆だが、丁度盂蘭盆会の供え物をお盆に盛ったイメージが日本における「お盆」の言い方の普及した理由だろう。

『怪談牡丹灯籠』もこの時期で、お菊の思いを遂げさせようと道案内に使う灯籠が題名の由来だが、これは前述した道教の中元節の贖罪で灯籠に火を一日中灯し続ける慣わしから来ている。しかも牡丹は道教発祥の中国花の代表だ。

お盆にやって来る先祖の霊は足の速いキュウリの馬で、帰りはゆっくりとナスの牛で帰って戴く。来てもらうだけでなく、おかえししてこそ日本文化なのだ。

76

明治に生まれた選挙と演説

日本の夏が亜熱帯気候になって久しい。四季の風物を愛でる心も、猛暑・酷暑・真夏日・熱帯夜・熱中症といった新しい造語が増える現実にさすがに干からびてきそうである。

暑い最中の選挙戦をよく目にするが、その熱の入り方と投票率とはなかなか比例しない。一時期前にはアイドルの総選挙という風俗に若者達が熱中した。それを見れば選挙そのものに対する不信よりは政治に対する期待度の低さに思い至らねばならないだろう。

明治期には海外の政治文化に伴い、それに使われる言葉が多く流入した。そのために日本語にはなかった新造語を急速に創りはじめなければならなくなった。社会・政治・経済・議会・政党などのように、選挙という語もその頃創られた日本語であった。そのもとは中国で儒教が重んじられた頃、地方長官が優れた人物を中央に推薦することを「郷挙里選《きょうきょりせん》」と言い、これを略して「選挙」と呼んだのが言葉としての始まりだったか。が、それは現代日本のような投票によるものではなく、日本では中世の頃に村の代表を決めるのに入《い》れ札《ふだ》と呼ばれる投票を行ったのが現代の選挙に近い。もちろん、選挙制度は明治の近代国家において施行《しこう》されたもので、初期の不平等が是正され、満20才以上の男女に平等に選挙権が与えられるのには昭和20年まで待つしかなかった。

それはともあれ、議員に選出されるのに必須な「演説」という語は「speech＝スピーチ」を福沢諭吉が翻訳して一般化したと言われる。元は中津藩の藩士が上申した「演舌書」という文書を見て、福沢が舌は俗っぽいので説に直したと言われている。しかし遡ると演説は、仏教の道理や教義などを広く述べ伝える意味で使われた語で、福沢も自分の造語と思っていたものが仏教語であったとは知らなかったのかもしれない。

いずれにしても演説が相手を貶《おとし》めることではなく、原義どおりに広く政治への熱を語りかけるものであるならば、演説合戦も心地よく人々の心を興奮させてくれるだろう。

もともと季節を表す言葉は春と秋の二語しかなかった。だから春秋《しゅんじゅう》といえば、時代や歴史、人生を表す言葉になる。夏という文字は中国の河南省辺りに住んでいた人々が周囲の一族と区別し、背が高く偉大な民族の意で使われた語で、季節を表す言語ではなかった。一年は四季ではなく、春秋の二季であった。一生も春秋だけだったから、ここに突出したような夏が入れば、近年の夏のように暑がられ迷惑で恐れられる存在にもなりかねない。本来の夏の意のように、優れることへの自負の季節に戻ってほしいものである。

77

『百人一首』に「つつ」が多い

能作品の多くは和歌を下敷きにしたり、また修飾として使うことが圧倒的に多い。

藤原定家が編んだ『小倉百人一首』は、現代の私たちが読んで、すべてが名作とは考えられない和歌が意外と多い。

が、それは当時の人々との生活習慣や感覚の相違が大きいからかもしれないので、あえて穿鑿《せんさく》をやめるとしても、不思議と同じ言葉が多く使われている事に、編者の隠された意図があるように思われてならない。例えば冒頭の天智天皇の歌――「秋の田のかりほの庵《いほ》のとまをあらみわがころもでは露にぬれつつ」に対し、二首目の持統天皇の歌――「春すぎて夏来にけらし白妙《しろたへ》のころもほすてふあまのかぐ山」どちらの歌にも「ころも」が使われているが、一首目で露（裏の歌意では涙）に「濡れ」た衣は二首目で「ほす」事になるのだ。しかも季節は秋から、春すぎた夏へと移行する。

続いて順に読めば、いろいろ構成上のトリックが見え隠れするのだが、紙数の関係上、わかりやすい言葉の一致をとり上げれば、一首目の「露にぬれつゝ」が四首目では「雪はふりつゝ」十五首目には「わが衣手に雪はふりつゝ」となり、編者・藤原定家自選の歌は九十七首目――「こぬ人をまつほの浦の夕なぎにやくやもしほの身もこがれつゝ」と、ここでも「つつ」が使用されている。

冒頭の歌は農村の娘の恋の悲しみ。定家の歌では漁村の海女の哀しさが歌い上げられている。いずれも天皇や高級官僚とは縁遠い世界――それも男性に顧《かえり》みられなくなった女性の心を歌った（実際には当時の天皇が庶民と同じく稲作をしていたのだという、現代から見れば隔世の感ある解釈が一般的な時代もあった）。

平安期には天皇や公家などが、女房の名で歌を発表したり、代作してもらう習慣があったから、女心を堂上の男性が歌っても不思議はないわけだが、冒頭の天皇御製と編者定家の自選歌が同じ趣向、しかもその証拠を示すような「つつ」つながりで選ばれている事を知れば、たったこれだけでも『百人一首』がただの名歌群ではなく、なんらかの意図をもったアンソロジーではないかと、小鼻がひくひく動く。

秋が「飽き」の掛け詞《ことば》でもあるから、このアンソロジーは、世に受け入れられなくなった人々や時代へのレクイエムとして読んでみたら、秋は飽きないミステリアスな季節になるだろう。

78

「きりぎりす」は「こおろぎ」だった!?

秋の七草の中で、「桔梗《ききょう》」は平安頃には「あさがお」と呼ばれた例が『源氏物語』や『万葉集』に見られる。日本語には現代の使用例と入れ違っていたものが結構あって、秋に関連したものだけでも「きりぎりす」と言えば「こおろぎ」を指し、「松虫」は「鈴虫」のことであったというから、ずいぶんとややこしいことだ。

地唄『黒髪』で「袖はかたしく夫じゃというて」の歌詞で、夫と書いて「つま」と読ませる。清元『鞍馬獅子』でも「わがつまの鞍馬のかたと聞くものを」は義経を恋い慕う文句だから、これもまた「つま」は男性に対する呼称であることがわかる。

これは男性が女性の元へ通い婚の時代に、娘の親が男を婿として認めると母屋の隣に新婚夫婦専用の「つまや」を建てて、そこに入る男性を「つま」と呼んだからだ。これは着物の褄《つま》や刺身のつま、さらには爪先などと共通の用例で、「つま」とは本来、端にあるものを指す言葉だった。ところが、武士の時代以降女性が男性家に嫁入りするようになって

「つま」は女性になった。

男性が女性の元へかようと言えば、端唄『わがもの』に「妹《いも》がり行けば冬の夜の」と唄われる。妹は現代の姉妹とは異なり『妹背山婦女庭訓《いもせやまおんなていきん》』でもお馴染みなように、好きな女性へ愛情籠めた呼びかけの語。「がり」は「〜のもと」の意味を表す接尾語だから「妹がり」は「好きな女性の元へ」で、芋を借りに行くわけではございません。

紅葉見物を紅葉狩というのは、もともと「狩」になにかを探し求めて行く意味があるからで、狩猟とも「妹がり」ともニュアンスが違うが、なんとなく同音なだけに似通う匂いを感じるのは私だけだろうか——ところで「もみぢ」は「もみづ」が変化した語。紅葉のほか、黄葉とも書かれるが、『万葉集』の時代では、黒・白・赤・青の四色しか色の表記はないから、紅葉だけで黄色のもみぢも含んでいたこの四色が特別であるのを知るには、それぞれの下に「い」をつけ、形容詞を作るとわかる。黒い・赤いはできても黄には直接「い」は付かず、黄色いとしなければならない。ついでながら、現代の信号の青信号を緑と見る人がいるのは緑が青に含まれる色だったからだ。

また童謡『鞠と殿さま』の歌詞に「あかい蜜柑になったげな」と、黄色や橙色が赤にのみ込まれても別段不思議に思わないのも「あか」が色を識別するのに最も古い語の一つだったからにほかならない。言葉はまさに色々変化する。

79

名月と神在月《かみありづき》

太陰暦はその名の通り、月の運行に従った暦だから中秋の名月は8月15日と決まっていた。が、現代の太陽暦では毎年、日付が違ってしまうのはやむをえない。

ご承知のように旧暦では、7月からの3ヶ月が秋で、その7月が初秋、8月が仲秋、9月が晩秋だが、その8月=仲秋の真ん中の8月15日は特に「中秋」と言ったので中秋の名月という言葉が生まれた。8月の名月に続いて、9月13日は「後《のち》の月」といって、清元『北州』には「二度の月見に逢いとて見とて」と、廓でもその風習を取り込み、客を引き寄せるイベントにしたことが窺《うかが》える。

花見が農作物の豊穣を予祝する呪術だったのに対し、月見は収穫を感謝する民間行事と考えられる。8月の名月には芋を、9月の後の月に豆を供えたことから各々「芋名月」「豆名月」と呼ばれたが、これはその時季に合わせた収穫物を供えたのが原意であったろう。その意味で団子を供えるようになるのは近年のこと。いわば米の代用の感が強いのは、そばに薄《すすき》を飾るからで、こちらは稲穂の見立てといえよう。

8月9月に続く10月の古名は「神無月」。全国の神々が一斉に出雲へ出張するからで、従ってあちらだけは「神在月《かみありづき》」という。

出雲大社の神紋には、亀甲の中に有という文字を書いた㊒というものがある。これは「有」の文字は、分解すればわかるように「十月」という文字を収めているのだ。10月11日から16日に行われる神在祭は、謹慎斎戒、歌舞音曲停止、すべて静粛にするという。一般の祭りとは真逆なイメージで行われるこの催しは、まるで喪の行事のようである。さらに16日以降、近隣の佐太《さだ》神社、万九千《まんくせん》神社での祭りも同様で、別名を御忌祭ということからも神在月とはもしかすると、祭神である大国主命《おおくにぬしのみこと》の死の儀礼、いわば命日の記憶なのではなかろうか？　神紋の亀甲の中に有の文字も、棺《ひつぎ》に収められた遺体のイメージにさえ思えるのは、いささか妄想が過ぎるだろうか。

いずれにしても秋から冬にかけての月はさえざえとして美しい。が、その反面、恐いほどの冷たさもある。古来、死と月の満ち欠けは重ね合わされてイメージされた。

そして再生……毎月、空に浮かぶ月の想いも毎月再生、更新を重ね記憶されていく。

80

「もみぢ」は「もみじ」ではない

秋は紅葉、黄色の美しい季節だ。紅葉も黄葉も音読みで「こうよう」だが、「もみぢ」という時は現代人の多くは楓《かえで》などが紅色に色づく様子を想像するのが一般的で、銀杏《いちょう》などの黄色い葉っぱを「もみぢ」というのには慣れていない。

実は「もみぢ」という語は秋になって、木々の色が紅や黄色に変化する両様を言った。黄色をもみぢと言った例として、「おく山に紅葉ふみわけ鳴く鹿の声聞く時ぞ秋は悲しき（猿丸太夫）」の有名な和歌が挙げられる。この歌も楓の紅葉をイメージするのが一般的だが、もとは「黄葉踏分《もみじふみわけ》」と書かれていて、萩《はぎ》が黄葉する仲秋の頃の歌であったものが、鹿の妻《つま》恋《ご》いに鳴く声の悲しさから紅葉との取り合わせが定着した。

このことから言っても「もみぢ」はもともと紅葉も黄葉も含んでいたのがわかる。この語のさらに元をたどれば「もみづ」だった。

ここまで書いて、読者の中には別の点でも「もみぢ」に違和感を感じている向きがあろうかと思う。それは筆者がなぜ「もみじ」と書かずに「もみぢ」としているか……もちろん、現代語表記では「もみじ」とするのが新聞や学校では正しいとされる。が、すべて前述の通り「もみぢ」は「もみづ」が変化した語であり、国語の改正が行われる以前は「もみぢ」が守られていた。

　例えば現代の用法では「地面」は「じめん」とルビをふる。が、「地《ち》」は「土《と》地《ち》」であるから「じ」と振るのは意味としておかしい。が、国語改革では「じ」と「ぢ」のような同音の場合は「じ」に統一したのである。そのために元の語が何であったかがわかりにくくなったものが多い。しかし例外もあって、尾籠《びろう》なところでは「痔」はあくまでも「ぢ」と振る。これは理解しづらい語には特例が認められているからだ。が、「痔疾」と書いた時は「じしつ」と振らねばならない。これは一音目に来る場合は「じ」と振る原則によるものなのだが、原則論が表に立つと、言葉の出所がわかりにくくなるのも事実だ。

　それはともあれ「もみぢ」が明らかに紅葉である歌には「ちはやふる神代もきかず竜田川から紅に水くくるとは（在原業平）」が有名だ。まるで鹿《か》の子《こ》模様のように水にくくり染めする落葉した楓。もみぢは木々の上ばかりでなく、水に落ちても色鮮やかだ。言葉も上に居ても下にあってもどこの枝から落ちた葉であるかが分かるほうが望ましい。何しろ言の葉ですからね。

81 サンタクロースの紅白から

『古今和歌集』の巻頭の歌は「年の内に春は来にけりひととせを去年《こぞ》とや言はむ今年とや言はむ」とある。昔の暦のことで、年末に立春がやって来てしまうといった、現代では考えられない事態が起きてのとまどいと可笑しさを詠んだ歌だ。

クリスマスもすっかり日本の風俗に馴染んでしまったが、サンタクロースの紅白の衣裳がコカ・コーラボトラーズの陰謀によること（？）はあまり知られていない。その当否はともあれ、NHKの大晦日恒例の歌合戦が女性男性を表わすのに、小学生の男女分けの赤と青に準じないで紅白とした処に日本人の色彩に関する感性がある。

赤と白の組み合わせがめでたくなったのは、朝鮮へ向かう神功皇后が、にわかに出産に及ぶにあたって産屋がないのを案じると、天から紅白の旗があまた降って周囲を取り囲み、それによって無事、後の応神天皇を出産した故事による。応神天皇が後世、武の神・八幡神として祀られたのは、多くの旗＝八幡《はちまん》の縁だ（「八」は、多いこと、無数を表わし、「幡」

は「はた」と読む)。さらに紅白の旗は天皇家を守護する平氏と源氏の旗印の色として与えられるが、色別の合戦は平和の時代の『紅白歌合戦』になり、子供の夢のシンボルたるサンタの色に定着したといえよう。

ところでクリスマスが冬至に近いことも、日本風土に融合した、もう一つの要因になったと考えられる。冬至は夜の一番長い日で、翌日から日照時間が増してくる。それがキリストの誕生日や復活のイメージと重なるからだ(聖書にイエスの誕生日が記されてなかったので、12月25日はバビロニアで盛んだったミトラ教の救世主の誕生日を借用したもの。現代では、星座の位置の関係などの研究から、イエスの誕生日は紀元前6年4月17日とされている)。

日本人の縁起かつぎは、小さな呪術《まじない》好きでもある。忌み言葉・五節句・正月……門松で歳徳神《としとくじん》を招来し、鏡餅を供え、言霊によって「昆布(喜ぶ)・橙(代々)」等々を飾る。その流れからいっても、一年の終わりから年の蘇りを、冬至とすぐ近くのクリスマスで見立てることは受け入れやすいことであろう。門松を年内から飾るように、年末にクリスマスの復活儀式を据えるのは、前もって春を呼び入れる小さなまじないにもなるのだ。

年末ベートーベンの『第九』で歓喜を呼び入れるのと同様、年内に春の喜びを受け入れてこそ、本当の春は大手を振ってやって来るからである。

ことば蔵の小窓 ⑤

『万葉集』には我が国が「言霊《ことだま》の幸《さきお》う国」と記されています。身近な例で言えば、縁起の悪い言葉を言わないために、忌《い》み詞《ことば》や言い換え、書き換えなどたくさんあるのもそれでしょう。

ＡＩ、リモート、５Ｇの時代だと言いながらも、一方で言葉には霊魂があり、発すればそれが実現すると考えている日本人……若者にも縁起をかつぐ人は意外と多いものです。

能狂言や民俗芸能、歌舞伎、文楽、日本舞踊などが、音楽を伴いながらも結局、言葉で舞い踊るという、世界でも類の少ないダンスになるのも、言葉を音楽化することで、より強い呪力が発揮することを知っているからにほかなりません。音楽は右脳、言葉は左脳——日本の舞踊は左右の脳を同時に働かせる稀有《けう》なダンスでもあるのです。

ちょっと気になることば

82

江戸前で男前な板前が寿司二人前を出前する

若者もある年齢に達すると、自分が「一人前」であることを認めてもらいたくなる。が、一人前とは、他人が自然と認め許容することだから、自分から思い立つことではない。いわば、その段階では「手前」にすぎない。今回はそんな「前」についての話。

空間的に方向を示す言葉としての「前」は理解しやすい。家の前、駅前がそれだ。寿司屋で言うところの「江戸前」も江戸という土地の前にある海（現在の東京湾）からとれた魚で作るからだという説明が一般的だ。が、東京から遥《はる》か離れた土地で「江戸前寿司」の看板に出くわすと、わざわざ築地からの仕入れを意味するより、その土地の近海でとれた魚を江戸風といった様式や気分を模したものではないかと勝手に想像したくなる。

その寿司屋の「板前」が寿司「二人前」を「出前」する。しかも「腕前《うでまえ》」も「男前」もいいと来たら申し分がない。二人前の「前」は分量、当てがわれた取り分でもあるから「分け前」や「上前《うわまえ》をはねる」などと同様の使い方だ。出前は店から他所へ出かけること、定まった場所以外の空間は「前」という概念で表せるのだ。代金の「前払い」は空間的でないが、特定されていない期間、時間を示すときに使う。

腕前がいい職人に腕後はないのか、男前が後ろを向いたらガッカリするのか……後ろはあっても「前」を使うのは、ある資格や特徴に関する賛辞や認定には「後」より「前」のほうがふさわしいとする語感が生じるらしい。「前」の呪術……そういえば九字の真言には前はあっても後はない（臨《りん》・兵《ぴょう》・闘《とう》・者《しゃ》・皆《かい》・陣《じん》・列《れつ》・在《ざい》・前《ぜん》）。

男前で腕前のいいステキなおにいさんの「気前」が良かったりしたらさらに申し分がなかろう。そこにも気働きに対する賞賛が含まれているが、「気後」の反省ではダメなのである。

「手前」と「お前」は自分を起点として存在を確認できそうだが、「名前」すなわち名の前には何かあるんでしょうかねえ。やはり言霊《ことだま》時代のなごりで、名も腕前、男前、気前のように特別視され「前」を添えて格が一段あがる必要があったようだ。

助六《すけろく》は小袖を「一つ前」にするが、これは襟《えり》や褄《つま》、裾《すそ》を重ね合わせて着ることだ（旅館で浴衣と丹前を重ね合わせるのと同じ）。裾前をわざと三角形が開くように着付けるのは、ふつうに着た時より二枚重ねなので裾さばきが機敏に鋭角に動くことを視覚化した。足で風切る颯爽《さっそう》たる姿こそ、江戸前、男前だ。だから前途を他人に認められて初めて「一人前」といわれるのも、寿司の分量「一人前」とは人格と胃袋の大きさほどの違いがあるのだ。

83

女性はことばをリードする

テレビのグルメや旅行番組で、料理を食べたタレントが女性でも「うまい」という言葉を発することが多くなった。「おいしい」というより「うまい」と言った方がその味の良さを強調し、刺激的に表現するのにふさわしいと感じて使っているのだろう。が、現代の風潮ではまだまだ「うまい」は言葉の品位や丁寧さにおいて「おいしい」より下位にあり、あるいは男性専用のごとく思われている節があって、女性が使うと未だに眉をひそめられる可能性が高い言葉である。

本来「うまい」は味覚を表現するにふさわしい言葉で、実は「おいしい」自体は、優れている意味を表わす「いし」に接頭語の「お」をつけた女房詞《にょうぼうことば》として使われだしたのが始まりであるようだ。ちなみに女房詞というのは、宮中や貴族の女官などが仲間内でかわす隠語めいたものである。

その女房詞にはさらに「もじ言葉」というものもあって、語の尾に「もじ」をつけた。

杓子《しゃくし》↓「しゃもじ」。お目にかかる↓「おめもじ」。空腹の意の「ひだるい」↓「ひもじ」。湯の具・湯巻き↓「ゆもじ」。髪↓「かもじ」。恥ずかし↓「おはもじ」等々。「お」をつけたもので言えば、時の鐘が八つ鳴る時分（午後2〜3時頃）の間食が「おやつ」。ジヤジヤと音たてて煮える飯だから「おじや」。節会《せちえ》の食べ物は「おせち」。膳に菜が数々並ぶから「おかず」。からだの中央にあるのが「おなか」。そのお腹で胎児を孕み、子を包み込んでくれる存在は「おふくろ」。鳴るものだから「おなら」まで、思わず笑みが浮かぶ命名が多い。

前述の「うまい」より「おいしい」ほうが優しく感じるのと同様に「食う・喰う」と「食べる」の関係がある。ものを歯ではさんでくわえる意が「食ふ」だったが、それが飲食の行為を示す語に転じた。だから本来「食ふ」はべつだん乱暴な言葉ではなかったのだが、女房詞で上位の者からものをいただく「賜《た》ぶ」が「食ぶ」となって、そこから現代の「食べる」を使うようになった。すると、それが庶民にも流行し、いわば女房詞のやさしい響きがどこかで日本語の主流的位置を占めるようになった。そのため、もとの「食ふ」は少し粗野な感触を持つ位置に転じた。

そう考えると「おいしい」を「たべる」あるいは「もじ言葉」や「お」を付けた女房詞が現代通用語に及ぼした影響はたいへん大きいことがわかる。やはり女性の使う言葉は、時代の品性とやさしさをリードしていくようだ。

84

おめもじ・おはもじ

おやつ・おむつ・おかき……果てはおならに至るまで、宮中の女房詞《ことば》が巷間に出て現代でも使われていることは、前項にも書いた。語尾に「もじ」が付く「しゃもじ」や「ゆもじ」「かもじ」も同様にして広まったことを共に述べたが、これは別に「もじ言葉」とも言われ、そのものずばりを言わずに、頭の一音ないし二音を取って、後に「もじ＝文字」を付けて匂わせるところがミソである。

その意味では恋文の宛名も上の一文字だけをとって、半七なら「半の字さま」、八五郎なら「八の字さま」などとしたのもこの流れで、今でも水商売などでスーさん、ターさん等の客への媚《こ》びでも、秘密めかした内輪だけの呼称であることが仲間意識の親密度を高めるために役立つのだろう。

言葉というものにも賞味期限のようなものがあって「殿」という語の敬意度が下がると、室町期にはこれより「様」や「公」の方が上位になった。殿が最上級の畏敬から卑近《ひきん》なものになった証拠として、奉公人を「〇〇どん」と促音化して使うようになったことでも想像できよう。

女性の手紙にも「さま参る（あなたへ差し上げる）」といい、奥向きには「お方さま」、遊女が客に対して「きさま（貴様→これが後世、目下《めした》への侮蔑語に変化）」等、言葉の変貌《へんぼう》ぶりは枚挙にいとまがない。

この「様」が人相手ではなく使われるようになったものとして「ご苦労さま」「お退屈さま」「ご馳走さま」等、挨拶用語として組み入れられ、現代に引き継がれているが、考えれば行為や心持ちに「さま」を付けるとは、不思議なニュアンスを醸《かも》している語といえる。

本来はごく限られた職、身分、仲間内だけで密《ひそ》かに理解し合える物言いが一般化されることで語彙は増えたというより、変化して行ったといえる。それはちょうど下着であった小袖が上着になったり、スリップがキャミソールに、さらにはミニスカートの下の見えるか見えないかのものが見せ下着になるのとどこか似ている。現時点でも、ネットで若者間で交信されている言語も、友人間や画面から飛び出して、気付けば隣の人が、あるいは自分自身も使うようになっている時勢だ。

女房詞もともと互いの肌合いやぬくもり、親密度があったから一般にまで広まった。その意味では、女房詞もネット言葉も皮膚《ひふ》感染するところに生命力の源がありそうだ。

85

「お」の付く言葉

ある会社のお偉いさんが、私にお祝いの金一封を差し出して「これはほんのお気持ちです」と挨拶した。この「お気持ち」が誤用であるのは、おわかりと思う。実は当のご本人は私にこの丁寧語のつもりらしき「お気持ち」を毎回使うから、一時的な間違いではなく、その使い方が正しいと思い込んでいるのがわかる。

この場合、相手に差し出すものは、へりくだった自分の「気持ち」であって、もらう側は相手の「お気持ち」を有り難く丁寧に受け取るのでなければならない。これは「心ばかりの品です」の場合と同じで「お心ばかり」では、どんなに丁寧にしたくとも通用しない。

似たような言葉に「御礼」や「お祝」があるが、こちらは言う場合でも「礼に来ました」「祝いに来た」とは最近では言わないし、また祝儀袋にも「礼」とばかり書いては却って無礼で「御礼」「御祝」と書くのが通例だ。

礼や祝いが前述の「気持ち」と異なる扱いになったのには、相対する二者があって成立する言葉だからで、それぞれに「御」の字が付くのは、こちら側だけでなく相手との関係の上により丁寧な感情を含ませようとする意図《いと》によるのであろう。

「お」の字が付いて名詞にまで昇格した（？）言葉が日本語には結構多い。「おやつ」は午後の八つ時分（現代の午後3時頃）に出される菓子などだが、そこで食す「おかき」はかき餅だし、「おやき」は焼き饅頭だ。お客様が持って来た手土産をそのまま出すのは「お持たせ」。旅館などでは刺身はわざわざ「お造り」と言って膳に供する。

米の飯と言うが「お米のご飯」とは丁寧過ぎて嫌味になるものだ。が、単独で言う場合は「お米」「御飯」と大切に扱うように習ってきた。米とか、めしとはあまりいい家庭では言わないものだと教わったものだが、その考え方自体も今は上流意識と非難されそうだ。

「お」があって成立した語に「おかず」がある。数々のものの意味だ。「おなら」は鳴るから。「おもちゃ」は「もちあそびもの」に「お」が付き、それが「おもちゃすびもの」を経ておもちゃになった。

他にも、おまけ・おこげ・おから・おでん・おむつ・おねしょ・おでき・おふくろ・おしろい……等々、もはや「お」を取り除いては成り立たない言葉が山のようにある。だから「おやま」も昔から今に至るまで遺《のこ》っているし、新しい処では「オタク」もまだまだ健在でいるぶん、「お」の字のマジックをうまく使って楽しみたいものである。

86

感動したら鳥肌は立たない

テレビを見ている時に気になる言い方がしばしば耳に入る。感動的な作品を見たり、大変おいしい食べ物を口にしたタレントが「鳥肌が立つ」とコメントすることだ。おそらく体がゾクゾクするくらいに、心のときめきを皮膚感覚に還元したい思いがこの言葉を選択させるのだろう。なにしろ、言葉というものはどんどんと刺激度を増さないと新鮮さを減じてしまいますからね。当然の如く、本来「鳥肌が立つ」は恐怖や極度の驚きに遭遇した時に、体の立毛筋が収縮することにより起きる現象で、映画などを見ての感動は心や精神の働きであるから「心が打ち震える」などの表現がふさわしい。

もっとも、鳥に関する誤用には、唱歌の古典ともいえる『からすの赤ちゃん』（海沼実＝作詞・曲）にもあって、「からすの赤ちゃんなぜ鳴くの　こけこっこのおばさんに　赤いお帽子ほしいよ……」鶏がコケコッコーと鳴くのは雄鶏《おんどり》だけで、しかも赤いお帽子＝トサカがあるのも牡《おす》だけであるから本当は「コケコッコのおじさん」というのが正しい。が、コケコッコーという鳴き声は幼児語として鶏の代名詞に用いている現実ゆえに許容される。

それはともあれ、人間には「泣く」「哭《な》く」を用いるが、「鳴く」は鳥ばかりではなく虫や鼠など動物全般に使われている。言い換えるなら、口へんに鳥と書く文字が動物すべての声を代表していると言えるのだ。これは多くの動物の中でも、鳥の鳴き声によって吉凶や運命、気分の推移を観じ取ったようで、鳥占術《ちょうせんじゅつ》という形で古来行われていたことでもわかる。それは鳥の鳴く方向や時刻あるいは飛ぶ方向などによる占いである。

この鳥占いにはシトドと言われる鳥が使者の役割をしたらしく、巫鳥とか鵐とか書かれた。記録としては『日本書紀』天武9年（680年）3月乙酉条に、摂津国より白巫鳥を献上したとある。ちなみにシトドには青シトド、白シトドなどあり、赤シトドはホオジロの事であったらしい。三河地方では庚申鳥《こうしん》とも呼ばれ、山形を書いて飛び、これが屋敷へ向かえば吉という。

また、シトドばかりでなく、ニホヒ鳥が鳴く時は人が死ぬとか、またカラス啼きが縁起が悪いとは古典ばかりか、なんとなく現代にも伝わる気分になっている。吉凶いずれにしても、鳥の声やゆくえは人々を一喜一憂させた。その科学的是否はともあれ、霊妙な感覚をすべてトリハダ的な皮膚感覚に預けてしまう今どきの言語的貧困は、こちらまで鳴きたく、いや泣きたい気分にさせる。

87

「天皇」という名の孤高

元号が新しく令和になる以前――前の天皇の退位に対して私たち国民が各々意見を言ったし、言うこともできた。が、それはおそらく天皇の進退に庶民が口を挟んだ、歴史的に初めての現象ではなかったろうか。それは「天皇」や「元号」という、世界に類を見ない文化を積極的に知ることができる機会にもなった。

それはともあれ「天皇」という言葉は、中国の「帝（皇帝）」や諸外国の「王」とは異なる独自のものである。この言葉が歴史的に初めて使われたのは推古天皇の時代に遡《さかのぼ》る。推古15年（607年）の法隆寺薬師仏光背銘《こうはいめい》に「池辺大宮治天下天皇」とある。続いては翌16年に隋に贈られたお馴染みの国書「東天皇敬白西皇帝」である。特に後者では、我が国では「天皇」と言い、隋に対しては「皇帝」と使い分けているのが興味深い。

天皇は日本でも元はミカドと称されていたらしい。カドとは門のことであり、ミはその尊敬を表す接頭語だから「御門」の意である。なぜ「門」なのかは、偉大であり畏敬《いけい》する人物は直接に指してはならないという、日本語ならではの禁忌《きんき》があったから、建物の一部である入り口の門を指したのである。男女ともに親族以外は本名を明かさなかった歴史もそうだが、例えば現在でも敬称に用いる「様」や「殿」もそれぞれ「そのようなもの」「様子」といった漠然としたものであり、また建物などを指す。手紙に用いる「侍史《じし》」や「机下《きか》」も相手その人ではないものへ送るといった意が籠められた名残だし、天皇に対する呼称はまさしくそれで「陛下」に他ならない。陛下とは即ち「きざはし＝階段の下」の意だ。あまりに畏れ多い存在に対して、直接言葉の呪力が及ばないように、自らバリアして立ち入り区域を限定したのである。

一方「皇」は我が国ではスメラギ、スメロギ、後にはスメラミコトと言われた音に当てられた漢字である。意味には諸説あるが、「統《す》ぶ」＝全てを一つにまとめるという説が一般的だが、サンスクリット語の sumeru＝世界の中心に聳《そび》え立つという意味からきたとする説にも魅力を覚える。

いずれにせよ、中国の皇と帝で綴られた存在とは異なる天皇という文字を選んだ日本の七世紀初め。わが国は建築の一部である御門から脱した命名を獲得したことになる。それは世界へ進出する気負いゆえだったか、覚悟だったのか……この名に込められた運命は、他とは異なる道を歩む孤高そのものに他ならない。

88

「す」的という流行語

鶴屋南北の『東海道四谷怪談』はさまざまなジャンルで仕立て直され上演されることが多い。それが原点の歌舞伎となれば、言葉の上からも江戸末期の流行語が匂い立つのが私には嬉しい作品である。

特に「すてき」という語は、この時代に「すばらしい」の「す」に「的」をつけてできた語だ。要するに「すばらし的」をさらに短く詰めて、タメ口に近い乙な響きのある言い回しにしたものだった。

『四谷怪談』序幕では「奥州の狩人が素敵な木菟《みみずく》を生け捕って来て」とか「ときに素敵なものができたよ」などと使われている。文字の「素敵」は宛て字だから本来は「素的」が元である。他にも滑稽本の『浮世風呂』には「素敵に可愛がるが能《よ》い」、『浮世床』にも「壱歩出《いちぶ》しゃア、すてきなやつが買らァな」と、いずれも並外れた程度の意味から現代と同じく、さまや程が整っていることまでを含んで使われていた。

今でも若者の間で「君的にはどう思う？」と使うように、江戸期において人名の後に「的」をつけて香具師《やし》や盗人の隠語にしていたこともあった。例えば水に浮いた土左衛門《どざえもん》（死体）を見て「土左的」といったり、人名の幸之助を密かに「幸的」と呼ぶように――。

的はもともと中国語の助辞として使われた語で、江戸期には前述のような使い方をしていたが、明治に入り外国語が流入した時、その「～tic＝ティック・チック」に音も意味も似通うことから、さまざまな造語と結びついて新しい日本語を作り上げていった。浪漫的は「romantic＝ロマンチック」を漢字の音に宛てはめたものだったが、現代ではカタカナが専《もっぱ》らとなった。

この的と同様に一語を付けることによってうまくニュアンスを出せるようになった語「中・点・性・上・面・式・界・感……」は数限りなくある。「工事中・授業中・問題点・弱点・安全性・公共性・歴史上・経済面・教育面・油圧式・仏式・神式・演劇界・芸能界・清潔感・不快感……」すべて明治以降の造語である。

これらの言葉はもはや明治期の造語とは思えないほどの感覚で現代の私たちの生活に根付いている。的に関しても、どこまでが中国的で日本的でどこからが英語的な音なのか？現代では判別しづらくなっている。言葉はそれほどにたくましくさまざまな言葉を呑み込んで、新たに生命を得て息づいてゆく。

89 ムムム!?

公私混同の「公」は「おおやけ」で、「大」＋「宅」＝大きな屋敷といった意味合いから、奈良時代には朝廷や政治の意として使われ、現代でも社会、世間の概念で引き継がれている語だ。一方「私」は「わたくし」から始まり「わたし・あたし・あたい」と変化しながらも、一人称であり、個人一般を表す語にもなっている。

ところで、公にも私にも「ム」の字が入っているのにお気づきだろうか。漢和辞典などには「ム」自体が私の意味で、「ムに背く、これを公という（『韓非子』）」の例が挙げられているが、何のことやらさっぱりわからない。「ム」そのものには、わたくしの意味のほかに農具の鋤《すき》の形からきたという説明があり、これにノギ偏が加わって「私」だからどうも田畑に関係していた語の気配もある。

それらの説より遥かに古い二千数百年前から「ム」の表記には「△」があって、何かわけのわからない存在や直接名指してはならない相手に対して用いた記号だとする説が大変説得力もあり、魅力的だ。いわば△ないしムは「某《ぼう》」といった曖昧な表現の時に用いられたというのである。

例えば「仏」もあまりに尊い存在であるから、「ム」の入るこの文字で表現した。いや、仏は佛が元の文字であり、省略されて仏になったと一般的には考えられているが、近年の研究では、中国の唐時代まで「仏」が使われており、「佛」よりも古くからあったことが報告されている。そうなると、仏ばかりか、「広」は空間的には漠然とした大きさを表し、「払」もどこからどこまでの範囲とは限られていない文字だ。その流れでは、公にしても私にしても、どこからどこまでがその範疇《はんちゅう》なのかは、時代によっても見解によっても判断がまちまちになりがちな概念なのではなかろうか……と、云々。「うんぬん」ここにも「ム」の文字があり、また藝にも「ム」が入る。「ム」は直接それを特定できない、ももやもやとした曖昧な部分にこそ本質がある文字のようだ。

公私が混同しやすいのはこうした境界線の曖昧さゆえでもある。それにしても国民や市民の税金を議員や役人が私的流用するニュースは後を絶たない。しかも発覚した後でも、モヤモヤと煙に巻こうとする態度が多いのも、余計に怒りの炎を掻き立てもする。特に江戸っ子の正義感は曖昧さに黒白つけたがり発火、炎上しやすいので、やけどにご用心、ムムムム……。

90

数の読みかた

日本語を学ぶ外国人が、もっとも苦労するのが数詞の読みかただという。

「一、二、三……」を「ひい、ふう、み……」というのが和語式、「いち、に、さん……」が漢語読み。この下に別の語がつくと同じ文字でも読みかたが変わる。「一日」なら、いちにち・ひとひ・ついたち……二人乗り、二人ぶん、二人三脚……三日月かと思えば、三者三様、四捨五入すれば四羽の白鳥が踊り、四人部屋へ押し込まれる。日本の旅館やホテルでは「四」という数字がつく部屋を忌《い》む傾向がまだ遺る場所がある。四が死の音に通じるからだ。が、日本人は昔からその音を嫌っていたのではないらしい。たとえば、年齢の「廿三四」は「にじゅうそうし」人数の「三四人」を「そうしにん」。もしも「しにん」を忌むなら「みよったり」とか現代でも使う「さんよにん」と言えばよかったはずだが、そうではなかった。

落語『ガマの油』で、「前足の指が四本《よんほん》」と言うのを聞いたが、これは「しほん」と言わないと「四《し》六《ろく》のガマ」にはならない。「四《し》海波《かいなみ》」「四万《しまん》十《と》川《がわ》」「四十七士」「四十八手」「四百余州」等も「し」と、発音しないとしまらない。歌舞伎にも『四千両小判梅葉《しせんりょうこばんのうめのは》』がある。

歌舞伎役者の何代目はたいがい音読みされる。にだいめ、ごだいめ……のように。だが、四代目だけは「しだいめ」では具合が悪いらしく「よだいめ」と和語読みがふつうだ。段も同じで七段目は「しちだんめ」なのに「四段目」は「よだんめ」と言うのが習慣になっている。

八百屋お七の名前は面白い。八百屋の「や」は和語読みだが、お七は「おなな」でなく、わざわざ強い音の「おしち」を選んだ。これは、実説の八百屋夫婦に子ができなかったので七面《しちめん》観音菩薩に祈った効験《こうけん》あって授かったので、七面の七を戴いたから「しち」になった。では、この仏がなぜ「なな」ではなく「しち」かと言えば、仏教関係の用語は漢語読みするのが通例だからである。「色即《しきそく》是《ぜ》空空即《くうくうそく》是《ぜ》色《しき》」等の経の読み方がそれだ。だから芝増上寺の門は大門《だいもん》と音読みし、駅名にまでなっている。が、廓の大門は「おおもん」で和語読み。このほうが日本人にはやさしく耳に響く。

91

「九つ」と「心」

九月の「九」は陽数の中で最大の数とされるので、それが重なる九月九日の節句は重陽《ちょうよう》と別格に扱われ呼ばれている。本来、五節句は一月七日、三月三日、五月五日、七月七日とすべて陽数が重なる。にも拘わらず九月九日だけを重陽と呼んだのは、九は窮《きゅう》に通じるからだと解する説もあるが「九日」が「きゅうにち」と言われないことからも、この説明の弱点が見える。

九を「きゅう」というのが漢音読み。「く」といえば呉音《ごおん》読みである。九日を呉音で読んで「くにち」が「供日」になるから「節供＝節句」に最もふさわしいとする話もある。だから九州では「おくんち」という祭りとして、この最大の陽数「九」を特別視する心意も働くのだろう。

しかし、一般的に「九日」は「ここのか」と音訓読みされる。この「ここの」は元々「ここば」「ここだ」のように、多いという意味に使われた副詞であった。『万葉集』にも

「誰が苑の梅の花ぞもひさかたの清き月夜に幾許散《ここだ》りくる」と出てくる。「ここだ」の「ここ」は数多いの意で「だ」はそれを強める語。が、漢字の「幾許」は、本来数が少ないという意味なのだが、なぜか数の多い意味の「ここだ」に宛てられるようになった。

「ここのつ」は最大の数、「ここのえ」は最大で最も高貴な宮中を指す。では、これに似た「こころ」も同源の語などではないかとイメージが膨《ふく》らむ。どの辞書も明確には言い切っていないものの、その関係を匂わせているものが多い。

心を心臓だ、大脳だと肉体の器官として数えれば一つのものに過ぎなくなるが、心という精神作用が数としては捉えられないところに魅力がある。

舞踊の所作では、右手と左手を鳩尾《みぞおち》の辺りに手の甲をやや離し重ねるような形を作るのが「心」という振りである。確かに太陽神経叢《そう》と呼ばれるこの辺りは胸キュンの位置でもある。それに対し若者たちが両手で作るハートマークはたいがい心臓あたりに当ててから、前方へ指し示すから、これは恋でドキドキと鼓動が高鳴る心臓との結びつきが強い。だから「ハート」といえば、直接心臓とイメージが重なるが、「心」といった時には体の器官ではない、茫漠《ぼうばく》たるものになる。「九つ」が生まれた「ここの」と「こころ」には発展の極みでいて、一桁から二桁という未知の領域へ踏み込む期待感がある。

まさに心のさまざまに変容するイメージを言葉に孕んでいるのが九月でもあるのだ。

92

「十」の感覚

数詞の一二三……に各々「つ」を付けて、ひとつ、ふたつ、みっつ……というが、十には助数詞の「つ」が付かない。しかも、そこを境にしてそれより上の数には付けることができなくなる。

九が最大の数であり、十進法に慣れた現代人には、十だけが別に扱われることに不審を覚えるだろう。おそらく十には一から九までの数そのものを表す意識とは異なった、完成、まとまり、まさに十全の意を持たせた時代の名残があると考えられる。

十を漢語読みすれば「三十日《みそか》」や「八十瀬川《やそせがわ》」のように「そ」と読んで、他の助数詞に容易に結びつくことができる。また「じゅう」と読めば「十本」「十冊」「十指」「十月」と、数そのものとして、機能してゆく。

ところで干支のいわれでもある十干《じっかん》は中国の周時代の数え方で、甲乙丙丁戊己庚辛壬癸《こうおつへいていぼきこうしんじんき》のことで、各々の文字に一二三……に似た意味があったので、例えば甲が一番、乙が二番といった用法が生まれた。「甲乙つけがたい」は、どちらが優れているか判断しづらい時に用いるし「乙な味」といえば、標準ではないが独自の味覚が楽しめる意味になる。

この甲乙丙丁……の語源には諸説あって一概には判じ難いが、通説では甲は土の中でまだ埋もれている芽の状態、乙はそれが地上に現れた姿などとし、その後徐々に成長してゆくさまに擬している。が、十干がそれぞれ二つずつ組み合わされて考えられていることからも、甲と乙は亀の甲という使われ方からも卜占《ぼくせん》の形ではないかという説に魅力を覚える。その流儀で考えると、十番目の癸は九番の壬と一組で、壬がものを叩く道具の砧《きぬた》で、癸がそれを置く台座とその足を斜め十文字に組んだ形と解することができる。が、いずれにしても甲乙から壬癸までの十干に語源を求めることができないのは、一、二から九、十のそれぞれに文字のもつ意味を求められないのと同じである。

算具《さんぐ》において横線は一、×は五、|は十であったが、記号化される過程で|に、点が加えられて徐々に十という形になったらしい。大和ことばでは「とを」とも「と」ともいう。「とをむ」は、ものがしなってたわむ状態をいう語だが、それと同じく西欧数字の123の直線上に並んだ10とは違った、そこからしなって円のような別次元に移行するイメージを含ませたものであるようだ。十月は十番目の月ではあるが、一年の終熄《しゅうそく》と新年への予感を孕んでいるように思えるのも、日本人が持つ「十」へ対する感性ゆえだろうか。

93

漢字と地名

２０１０年11月30日に新常用漢字の発表があった。それまでより196字を追加、５字を削除した２１３６字になったわけだ。この変更改正には、難しく画数の多い文字もパソコン等で容易に使いこなせるようになったという背景があり、語彙《ごい》の彙、稽古の稽などが加わったが、意外だったのは媛《ひめ》・岡・葛・埼・釜・亀・韓・鎌など国名・地名に以前から頻繁に使用されていた文字が今回ようやく加わったということだ。

ところで、日本の地名に二字表記のものが圧倒的に多いのは、和銅６年（713年）に、中国の地名に習って「好字二字」で定めるようにとの法令が出されて以来のことと考えられる。例えば、それまで上毛野（カミツケヌ＝ノ）下毛野（シモツケヌ＝ノ）と読み書きした地は、それぞれ二字にするために上野・下野と書き、音ではヌ（ノ）が脱落してカミツケ・シモツケと発音され、さらに前者はコウヅケと訛《なま》るようになった。また近淡海《チカツアハウミ》と遠淡海《トホツアハウミ》は各々近江《オフミ》、遠江《トフトオミ》に変わった。これらの逆で、一文字だけの地名もあって木（紀）は紀伊《キイ》と言われるようになったのである。

また飛鳥《アスカ》の地名はもともとスガという清浄な土地という語にアという接頭語がついたもので、明日香と表記していたのを、二字に直す時にアスカの枕詞である「飛ぶ鳥」から「飛鳥」に改められた。

我が国も一世紀頃に成立した『漢書』『論衡《ろんこう》』では「倭《わ》国・倭人」と書かれていたが、この名称はあくまでも中国側がつけた漢字による差別意識の表われで、いつも腰を屈めて、へつらったように辞儀する人々という侮辱が籠められていた。ちょうど周囲の国々を北狄・東夷・南蛮・西戎と貶《おとし》めたのと同じだ。

この国にあったヤマト言葉に漢字が宛てられ、ヤマトを自国でも差別意識を知らず「倭」としていたことは『古事記』（712年成立）にヤマトタケルノミコトを「倭建命」と表記し、8年後の720年成立の『日本書紀』で「日本武尊」と改めたことでもわかる。漢字に籠められた差別へ対しての反発は厩戸皇子《うまやどのおうじ》が隋への国書にわざわざ「日本」の文字を用いたのでもわかる。

このように、音から始まった言葉を文字に置換する中にも、歴史意識が読みとれるのである。

94

越後屋《えちごや》は悪か？

「越路潟　お国名物さまざまあれど」大道芸の角兵衛《かくべえ》獅子は、農閑期に江戸や京などの町へ出て歌や曲芸などを披露して喝采《かっさい》を浴びた。その姿を写実的に描いたのが、歌舞伎舞踊に伝わる『越後獅子』や『角兵衛』だ。

角兵衛の名は、獅子芸を演じる子供らを束ねた親方のそれとも、また、神社に奉納された獅子頭に銘が残り、日本一と言われた面打ち師の名ともされるが判然としない。獅子そのものは文殊菩薩の使わしめといわれる霊獣だ。文殊浄土のある清涼山への石の橋を渡らねばならない修行僧たちに、獅子の舞曲で勇気を鼓舞した。能の『石橋《しゃっきょう》』がその典型だが、角兵衛獅子はその民間バージョンといえる。

ところで、7世紀の後半、今の北陸あたりは高志《こし》の国と呼ばれていた（『古事記』）。または『出雲国風土記』では古志《こし》、『日本書紀』には越《こし》とある。私たちに馴染みのある越の呼び名は、持統天皇の御代に、高志《こし》が三つに分かれてから用いられた。都に近い側からいえば、越前・越中・越後となったわけである。現代の県名でいえば、福井・富山・新潟の順だ。前中後の言い方は都から見ての事情であることは、備前・備中・備後が、現在の岡山県東南部・同県西部・広島県の順であることからも知れる。

それはともあれ、現代の若者にまで浸透した「おぬしも悪よのう」と悪徳商人の代名詞化された越後屋は、延宝元年（1673）三井高利《みついたかとし》が創業した呉服商の名前に端を発する。

それまでの高値と異なり、薄利多売・掛け値なしをうたった新商法が大ヒットした越後屋は、次々に支店まで出していく。店名の由来は、高利の祖父高安が越後守だったことに因《ちな》んだという。呉服商はさらに発展して両替商まで営業。呉服チェーン店と両替商の組み合わせが、後世、商法―金―悪のイメージを生んでいったのだろう。

この三井高利は現代の三井財閥の遠祖でもある。三井家とは後に分離し、この三と越の文字で「三越呉服店」という店名に改称したのが明治37年のことで日本におけるデパートの先駆《せんく》となった。

この三越デパートの玄関に、巨大なライオン像。考えればライオンは東洋風にいえば獅子で、三越の前身は越後屋だから「越後獅子」の判じ物に見えなくもないが、これはあくまでも筆者の妄想に他ならない。

95

コツから骨へ

コツをつかむ、コツを呑み込む等々のいい方があるが、この「コツ」を漢字表記すれば「骨」となる。いわば、物事の要領や仕組み、ポイントがコツで、人の体における骨格を知るに等しいというわけだ。

骨は漢音では「コツ」で、呉音では「コチ」いずれにしても、硬い物を叩いた音の響き、聞きなしから出ている。「硬」も音読みでは「コウ」というから、言葉が音《おん》から派生した一面が見られる。

日本読みの「ホネ」の由来には諸説あって、「オホネ（大根＝一番大もと、根っこ）」とか「ハネ（膚根＝ハダネの約。皮膚の下にある根）」さらに秀根と書いてホネとか、アイヌ語のPONEから来たともいわれる。

それはともかく「骨」の文字の上の部分「冎《か》」は穴の開いている状態で、「眼窩《がんか》」と用いる。下の「月」は「にくづき」だから、脚胸腕肺……など人体を表わす漢字につきものの記号。そして「冎」は、ちょうど穴の開いた部分に突起した部分が組み合わさって関節となり、骨格が出来上る。文字もよく考えた暗号なのだ。

　ところで、江戸時代には、久しぶりに美食をすることを「ほねつぎ」と譬えた（例・『当《とう》世《せい》穴穿《あなさがし》』に「仏法はしょうじんりょうりでほねつぎにも成まい」）。たまの美食を「ほねつぎ」というのは、もしかすると、あまり粗食が続けば骨粗鬆症にでもなると考えたかどうか？　逆にいえば、美食をしすぎれば、骨がつきすぎて動きが悪くなるかもしれない……「から傘の骨はばらばら紙は破れても　離れまいぞえ　千鳥がけ」この俗曲に唄われた千鳥がけは、和傘の骨と骨を斜めに交叉させて結んだ糸のことだが、人体でいえば骨と骨をつなぐコラーゲン。これが擦り減ったり、切れたりすれば関節の病みとなり、人間関係でいえばギクシャクした破局寸前の要注意状態。危うくなった対人関係には、たまの美食を仲介にして「ほねつぎ」するのが人生の智恵、人づきあいのコツでもある。

　ちなみに中部地方や山陰あたりで、6月1日あるいは15日を「ほねつぎの日」と呼ぶことがあるらしい。これは昔、この日に土地の人が河童から骨接ぎの妙薬を授かったという伝説がもとになっている。いっそ全国で「ほねつぎの日」を指定して、この日、人間関係を修復したり、芸道のコツをさらい直してはどうだろうか。

96

娘・女郎・姫はじめ

『娘道成寺』の花子と所化《しょけ》の問答に「生娘《きむすめ》か白拍子《しらびょうし》か」があるが、すでに生娘という言葉に含まれる語感は現代とはだいぶかけ離れていて、もはや死語の部類に入ろうとしているかもしれない。

ところで、女が良いと書いて「娘」となる前に、中国では「孃」の文字が使われていた。娘はその俗字で「娘々《にゃんにゃん》」は母の意で、「娘々廟」は子授けの神という意味だから、これも日本語のイメージとはだいぶ異なる。

もちろん、「むすめ」という和語の音が先にあって、文字は後に宛てられたもので、日本でもはじめはもっぱら孃や媛が多かった。音の「むすめ・むすこ」は「むす」から察して生育する、生まれるなどの語源が考えられる。産霊山と書けば「むすびのやま」だし、おむすびが三角で山を象《かたど》っているのも（おにぎりは丸い）ここに由来する。「むす（蒸す）」は何ものかが発生する意味でもあるからだ。

ところで、歌舞伎や舞踊に多く登場する女郎の「郎」の文字は現代では太郎、次郎などの男性名につきやすい語である。まさに古代では氏族を表す語のようで、石川の郎女《いらつめ》、大伴坂上郎女《おおとものさかのうえのいらつめ》などと使った。この時代は女性の名前を明かさない文化だから、石川の氏に属するお嬢さんの意味が通称になっているわけだ。

この郎女も女郎も「いらつめ」に宛てられた文字だったので、「この女郎《じょろう》め」というセリフも「この女め」くらいのニュアンスで、別段遊女を特定するものではなかった。女郎花と書いて「おみなえし」と読むのも「おみな」が女性一般を指す語。「えし」は元は圧倒的という意味を示す「圧《へ》し」だったらしく「おみなへし」、その花が群生する様の美しさをたたえたものだったという。

能では「おみなめし」と発音する。これは女郎花の通称を「粟花」というように、その美しい黄色を粟飯の色と重ねたことから来たというが、果たしてこんな時代から飯《いい》を「めし」といったかどうか甚《はなは》だ疑問ではある。

飯のついでに今の「おこわ（こわいい＝強飯）」のことだが、これに対し柔らかいご飯を「姫飯《ひめいい》」と言った。正月にお餅を食べ続け、初めて姫飯に戻すのを「姫はじめ」と言った。現代における「姫はじめ」では、食べる対象がだいぶ異なっていますけどね。

97

「けものへん」になった犬

「燕《つばめ》が低く飛ぶときは雨が降る」「猫が前肢《まえあし》で額《ひたい》を撫でたら翌日は雨」……民間の天気予測にはそれなりの根拠があって、前者では空気中に水分が多くなると虫たちの翅《はね》が重くなり、地上近くを飛ぶので、それを食べる燕の飛行も低くなる。猫の毛は水分を含むと伸びやすくなり、顔の筋肉がむず痒《かゆ》くなるというのだ。雨ひとつとっても動物の行動に変化が起きるのを、人間は昔から眺めてきたわけである。

猫を飼うという習俗は中国から伝わったことで、狸と同類に扱われて猫は狸奴《りど》といわれた。狸は狐と同様、人に化けたり、化かしたりすると言われるが、狐に比べると陽気なイメージがある。狐は『義経千本桜』に「狐は陰《いん》のけだものゆえ水を起こして降る雨に」とあるように、雨と密接に関連していると考えられたり、稲荷の使者となるように水神とも結びついたりする。日が出ているのに降る雨を「狐の嫁入り」というのも、こんな狐の俗信が影響した言葉であろう。

ところで、狸・狐・猫の文字に付された「けものへん」は、もとは犬の象形から出た。獣全般を括《くく》る偏《へん》として犬を採用したのは、漢字の国・中国で、犬が悪霊を祓い、神へのいけにえとして尊重される動物であったからだ。殷《いん》や周の時代の王墓には、王を護衛する武人と犬が埋められたので「伏」という文字が生まれた。その意味で「犬」の入った文字は、すべて犬が犠牲になった名残を読み取ることができる。天にいる上帝を祀るのは「類」、建物が完成した時も犬のいけにえで浄めの「器」が捧げられた。類や器という文字にある「大」はもとは「犬」であったのだ。城門の落成式は「就（成就する）」神に「献（献じる）」神意を伺うことを「猷《ゆう》」といい、これが「猶」に変化すると、疑いためらう意味となり、日本では付け加える意味の一方で、そうは言ってもの意も含むようになった。犬はこのように、いわば神聖なる虐待を受けてきたと同時に、その記憶を文字に残したといえる。

中国では犬を食用するが、日本ではその習慣はない。が、間諜の「幕府の犬」や無駄な「犬死《いぬじに》」、軽侮した「犬侍《いぬざむらい》」などにも用いられてきたように、犬という言葉に対する蔑視の匂いを嗅《か》ぎ取ることはできるだろう。犬への親近感・愛玩にも人間の感情によって振幅《しんぷく》が大きく左右するようだ。

98

狼なんか恐くない？　コワイ？

「和風」という言葉が料理やファッション等々、さまざまな商品に冠せられることが多くなった。建物にも和風建築と称するものがあり、例えば外壁を木材にして中は鉄筋コンクリートにするとか、部屋の一部を畳にしたり、サッシやガラス窓の向こう側に日本庭園があったり、フローリングの床に伝統工芸の家具調度品を置くなど……今や日本建築の様式や技術だけでは何事もなされない時代だから「和風」などという物言いによって日本人はなんとなく自分たちを慰《なぐさ》めているように見える。

外壁だけを木材にし、中を鉄筋コンクリートで築く木質化なる、なんともこそばゆい造語は、西洋童話の『三匹の子豚』を思い出させる。子豚はそれぞれ藁《わら》の家、木の家、レンガの家を建て狼の襲撃に備えたが、藁や木の家はあっけなく狼によって破壊され2匹は食われ、レンガ造りをした子豚のみが打ち勝つという寓話だ。この物語で日本人は子供の頃に木材建築のもろさと同時に石造りの家の頑強さを刷り込まれたのかもしれない。本当は千年以上も続く正倉院《しょうそういん》や寺社の建築などの良き手本があったにもかかわらず……その上で、藁と木には強くレンガには弱かった狼という存在に思いを転じる。漢字を見ればけものの偏につくりは良しである。西洋では狼は子豚ばかりか、家畜を襲う凶暴な動物であるが、日本では少なくとも悪のイメージばかりではなさそうだ。秩父にある三峯《みつみね》神社や奥多摩の武蔵御嶽《みたけ》神社では、狼を神の眷属《けんぞく》として祀り、火難や盗難除けのお守りとしている。信仰としては江戸中期頃からで、元は五穀豊穣や獣害除けとして崇《あが》められた。さらには安政5年（1858）のコレラ流行の際に外国人から感染した疫病という理由で、憑き物落としにも利用された。なんといってもオオカミという音が大神につながる、あるいはそれだけ畏怖された存在であったことは、蛇が御神体になるのと通じるものがある。

それにしても狼という文字のつくりの「良」はなにか？「良」の上の部分に「日」すなわち「口」が二つ重なっている形が、風を送って穀物の良否をより分ける義だという。それゆえ「浪」も風によって生じるし、音としては「量」と同じだから、風によって中身も知れる。また「良夫」と書いて「夫《おっと》」と読ませるのは、良は天与の才の意味であり、先験的に善悪を認識できる能力を有するからだという。果たしてあなたは、あるいはあなたの夫は「良人」であろうか、はたまたけものへんのついた「狼」なのか？少なくとも畏と敬の両面を備えた存在でありたいものだ。

99 死のぶんだけ生がある

ニュースでは連日のように人の様々な死の形が報道されている。事故死、殺人、病気などなど。いわゆる天寿を全うしている死では刺激が足りないのか、いきおい死のニュースは陰鬱《いんうつ》なものに傾きやすい。

「死」という字は「歹（がつ）」と「ヒ」によってできている。「がつ」は残った骨の形で、「ヒ」はそれを拝する人の姿であるらしい。

この世を去った人はよく「鬼籍《きせき》に入る」と表現されるが、鬼の戸籍になんぞ一緒に入れられてはたまらない。が、ここでの鬼とは中国殷《いん》の時代、死んだ人の事を指して言った。だから、鬼籍とは死者の霊が入る籍、寺で言えば過去帳のこと。また点鬼簿《てんきぼ》というのは、死者の名を記した帳簿の意味である。

この鬼をつくりにした文字に魂と魄がある。幽霊の決めゼリフでもある「魂魄《こんぱく》この世にとどまりて」はお馴染みだが、陰陽道では、魂は精神を司り陽、魄はそれが肉体となったもので陰と考えた。

本来、人が死んだ時、精神である陽の魂は天に帰り、体であり陰の魄は地に沈むのだが、前述のセリフは、怨みを残した魂魄は天に昇らず、地にも埋没しないで、地上にさまようことを言ったものと解することができる。

ところで、この中国出来《しゅったい》の「鬼」＝死者が日本に入ると、得体の知れないオニという音に宛てられしまったのがそもそも混乱の始まり。オニはもののけなどと近いものではあるが、学者はさまざまな説を唱えていて、残念ながら決定打はない。怨《おん》の音が変化したものだというもっともらしい説もあるが、音韻《おんいん》でいえばヲンであってオンではないので、オニへは変化しようがないという。一番有力なのが、隠からの変化だが、隠れて顕《あらわ》れないというのでは、日本の鬼の実情とはそぐわないのだ。白川静の説も、鬼は人鬼《ひとおに》の形だといとも簡単でとりつくしまもない。いずれにしても鬼は捉えどころのない文字といえよう。

死や鬼の話ばかりではどうも陰気になる。そこで生の話――死んだ人の数だけ人は生まれてきた。人類学者の香原志勢《こうはらゆきなり》の『人類生物学入門』に、これまで地球上に生誕した人類の総数が試算されているのを紹介しよう。その数なんと１１２０億人とのこと。これが思ったより多いのか少ないのか。このくらいの数になると漠として、これもまた死や鬼の文字と同じようにとらえどころのない数字になってしまった。

100

言葉と踊りが色づくということ

昭和58年3月1日に永眠した小林秀雄の没後30年に、その特集を『芸術新潮』は編んだ。その膨大な著作群の中から、彼の断章を抜き出し、さまざまな写真を配した構成だったが、そのはじめに採られた文章「人間は、一枚の紅葉の葉が色づく事をどうしようもない。先ず人間の力でどうしようもない自然の美しさがなければ、どうして自然を模倣する芸術の美しさがありましょうか。言葉も亦紅葉の葉の様に自ら色づくものであります。ある文章が美しいより前に、まず材料の言葉が美しいのである。」（『文学と自分』）。

実に美しい文章で、たった数行の中に日本人の自然観、小林の評論のキーワードともいえる自然の模倣などが言い尽くされているが、なんといってもそれらが研《と》ぎ澄まされた言葉の遣いによって紡《つむ》ぎ出されていることに感動させられる。一語々々を見れば「色づく」にしろ「芸術」にしても特に美しいとは感じにくいが、小林はさらに「例えば人情という言葉は美しくないか、道徳という言葉は美しくないか。」と続ける。この二つの言葉とて、すでに時の垢《あか》が表層に浮かんでいていているようで、その選択をすんなりと受け入れ難くさせているのだが、「長い歴史が、これらの言葉を紅葉させたからであります。」と結ばれると、「人情」も「道徳」もさっと鮮やかな元の色を取り戻し、言葉自体が輝きだす。

「美しい「花」がある、「花」の美しさといふ様なものはない。」という文章があるが、その「花」の部分を能やおどり、音楽と置き換えてみると、最近の人々がどれだけ能やおどりの美しさという一面だけを社会に押し付けようとしているかを反省させられる。少し意地悪に言えば、能には高尚なもの、おどりには美しい部分だけを提供しようという嫌味な精神がほのみえたりする。「美しい能やおどりがあるだけだ」といえば、ここには感動が満ち溢れてくる。さまざまな要素のすべてを包容して、それらそのものに対峙《たいじ》し、そして言い切るからだ。このあたりの覚悟と潔さは、ロマンチックで何で悪いかと啖呵《たんか》を切る江戸っ子のようで爽快だ。それは剃刀《かみそり》を研ぎすぎて、髭ばかりか皮や肉まで剃り落としてしまうような評論家の言い切りとは性質が違う。

自然を、芸術を愛した小林秀雄は、言葉そのものを愛した。能やおどりの美しさなんていう持って回った価値観はいらない。ただひたすらそれを愛すれば、自《おの》ずと向こうの方からその本来の姿を現してくれるものだ。本に引用された解説も小賢《こざか》しい批評も不要。確かに「長い歴史が、これらの言葉を」いや、踊りも「紅葉させ」てくれるからに他ならない。

村　尚也（むら　なおや）

日本舞踊家集団「おどりの空間」を主宰。

日本舞踊や能、歌舞伎の演出、振付、執筆、講演などを行う。

文化庁芸術選奨や芸術祭などの審査員を歴任。

ＮＨＫテレビ・ラジオにも解説などを中心に出演。

著書には『踊るヒント見るヒント』『しぐさに隠された日本人の心』『まんがで楽しむ能の名曲70番』『まんがで楽しむ狂言ベスト70番』ほか多数。

「邦楽ジャーナル」「花もよ」「伝統文化新聞」などにも執筆・連載。

伝統芸能《でんとうげいのう》ことば蔵《ぐら》一〇〇

2020年7月15日　発行

著　者　村　尚也
発行者　檜　常正
発行所　株式会社　檜　書店
〒101-0052　東京都千代田区神田小川町2-1
☎ 03-3291-2488
FAX 03-3295-3554
http://www.hinoki-shoten.co.jp

装　幀　澤田かおり＋葦田由美（トシキ・ファーブル）
印刷・製本　モリモト印刷株式会社

ISBN 978-4-8279-1108-4 C0095